U0658172

学术研究专著

面向学科表现度的一流工学
学科建设成效评价研究

宗 凡 王莉芳 著

西 安

【内容简介】 本书基于教育评价理论和高等教育质量管理理论,在"双一流"建设的战略背景下,梳理具有代表性的一流学科评价体系,厘清一流学科建设评价中的若干重要逻辑关系,构建面向学科表现度的一流工学学科建设成效评价体系,构建 D 数偏好关系矩阵评价模型,并选取三所高校的材料科学与工程学科进行实例分析,为我国高校科学、合理地开展一流学科建设成效评价提供理论支持与对策建议,具有一定的理论意义和实践价值。

本书既可供高校教学科研人员学术研究参考,也可为高校制定学科战略规划提供一定的理论依据。

图书在版编目(CIP)数据

面向学科表现度的一流工学学科建设成效评价研究/宗凡,王莉芳著. —西安：西北工业大学出版社,2022.11

ISBN 978 - 7 - 5612 - 8554 - 1

Ⅰ.①面… Ⅱ.①宗… ②王… Ⅲ.①工科(教育)-学科建设-教育评估-中国 Ⅳ.①G642.3

中国版本图书馆 CIP 数据核字(2022)第 224685 号

MIANXIANG XUEKE BIAOXIANDU DE YILIU GONGXUE XUEKE JIANSHE CHENGXIAO PINGJIA YANJIU

面 向 学 科 表 现 度 的 一 流 工 学 学 科 建 设 成 效 评 价 研 究

宗凡 王莉芳 著

责任编辑：曹江	策划编辑：杨 军
责任校对：胡莉巾	装帧设计：李 飞

出版发行：西北工业大学出版社

通信地址：西安市友谊西路 127 号　　邮编：710072

电　　话：(029)88491757,88493844

网　　址：www.nwpup.com

印 刷 者：西安五星印刷有限公司

开　　本：727 mm×960 mm　　1/16

印　　张：9.125

字　　数：169 千字

版　　次：2022 年 11 第 1 版　　2022 年 11 第 1 次印刷

书　　号：ISBN 978 - 7 - 5612 - 8554 - 1

定　　价：58.00 元

前　　言

　　建设世界一流大学和一流学科(以下简称"双一流"建设)是党中央、国务院重大战略决策,对于打破高校身份固化、促进高等教育内涵式发展、增强国家核心竞争力具有十分重要的意义。大学基本组织单元的学科承载了大学人才培养、科学研究、社会服务以及文化传承与创新等职能。因此,大学建设必须从学科建设抓起,进而推进大学整体实力的提升。科学地进行一流学科建设评价已成为促进学科良性竞争、保证"双一流"建设动态调整机制顺利实施的重要研究课题。本书运用教育评价理论和高等教育质量管理理论,探索构建面向学科表现度的一流工学学科建设成效评价体系并进行科学的评价,以期为我国高校开展一流学科建设成效评价提供新的研究思路。

　　本书面向学科表现度,以一流工学学科建设成效评价为研究对象:①通过梳理相关理论与政策,厘清学科发展脉络及我国一流学科建设的政策演变历程,辨析一流学科与重点学科、优势学科、特色学科的区别,明确一流学科建设评价的类型和适用范围,比较国内外具有较大影响力的一流学科评价体系,从而发现现有研究存在的不足和问题,界定本书研究科学问题的内涵与边界;②在深入分析研究影响一流学科建设成效各个环节的基础上,以工学学科为例,筛选出面向学科表现度的一流学科建设成效评价指标并构建评价体系;③构建评价模型并进行实例研究,根据研究结果提出提升一流学科建设成效的对策与建议。

　　本书的主要研究内容和创新点包括下述三方面:

　　(1)辨明面向学科表现度的一流学科建设成效评价的内涵

　　系统研究国内外关于一流学科建设及其评价的相关文献,比较、分析具有代表性的全球性一流学科评价体系和区域性一流学科评价体系中关于学科分类、评价指标、指标权重以及评价主体遴选等方面的实践应用经验,辨析一流学科建设成效评价、一流学科建设水平评价和一流学科建设绩效评价及方案符合度评价、目标达成度评价和学科表现度评价中,评价内容和评价要素之间的异同点,进一步明确面向学科表现度的一流学科建设成效评价的内涵。研究认为,一流学科建设成效评价强调,在一定周期建设后,学科建设方案符合情况、学科建设目标达成情况及学科表现情况能够反映学科发展的潜力和趋势;学科表现度评价的重要作用是引导各学科建设高校坚持卓越理念,追求世界一流。通过辨析给出一流学科建设成效评价的研究方向和思路,清晰界定出评价的内涵与外延,厘清一流学科建设成效评价的主导逻辑。

(2)构建面向学科表现度的一流工学学科建设成效评价体系

首先,通过梳理和研究一流学科建设成效评价相关文献,结合国家对"双一流"建设的战略要求,对影响一流学科建设成效的各个环节进行深入分析,进而选取三级评价指标并初步构建评价体系。其次,应用调查研究、统计分析和因子分析法等进行指标降维,并验证前述所选指标的科学性。最后,运用熵权法对各级指标赋权,构建完整的评价体系。评价体系的一级指标包括学科基础、过程管理和学科产出3项,其重要性排序依次为学科产出、过程管理和学科基础;二级指标包括硬件基础、政策与经费支持、学术团队、组织管理、文化传承与创新、人才培养、科学研究和社会服务8项,重要性排序的前两位分别为人才培养和科学研究;三级指标包括图书资料及电子文献的拥有量、仪器设备的拥有量等38项。研究结果表明了过程管理指标和学科基础指标是一流工学学科建设成效评价的两个重要维度,丰富现有一流学科建设成效评价的研究理论。

(3)构建面向学科表现度的一流工学学科建设成效的 D 数偏好关系矩阵评价模型并进行实例研究

对各高校一流学科建设成效进行评价时,运用 D 数偏好关系矩阵理论构建被评价学科间的评价模型,能够避免传统评价中因专家评价意见的不确定性而造成评价结果不准确的情况发生。深入分析 D 数偏好关系矩阵理论及其方法体系在一流学科建设成效评价中的适用性,通过设立理想值并以其为基准,得到评价对象间的偏好关系,进而构建出面向学科表现度的一流工学学科建设成效的 D 数偏好关系矩阵评价模型。选取三所高校材料科学与工程学科进行实例研究,得到学科建设成效评价排序及其随区别度 λ 变化的不同评价值。研究结果验证了 D 数偏好关系矩阵评价模型的科学性和可靠性,使得各评价对象的评价结果具有独立性和稳定性,创新了一流学科建设成效的评价方法,拓展了 D 数偏好关系矩阵的应用范围。

在本书的写作过程中,曾参阅相关文献、资料,在此,谨向其作者深表谢意。

由于水平有限,本书难免有不足之处,恳请广大读者批评指正。

著　者

2022 年 7 月

目　　录

第1章 绪 论

1.1 研 究 背 景

2015年10月,国务院印发的《统筹推进世界一流大学和一流学科建设总体方案》(以下简称"双一流"建设《总体方案》)中明确指出,多年来通过实施"211工程""985工程"等重点建设,一批重点高校和重点学科建设取得重大进展,在带动我国高等教育整体水平提升的同时,也存在身份固化、竞争缺失、重复交叉等问题,要建立激励约束机制,进一步突出学科建设实效,构建完善"中国特色、世界一流"的大学和学科评价体系,引导高等学校不断提升办学水平。2017年1月,教育部、财政部、国家发展改革委员会联合印发的《统筹推进世界一流大学和一流学科建设实施办法(暂行)》(以下简称"双一流"建设《实施办法》)则进一步提出,要制定科学合理的绩效评价办法,在整个建设期内加强过程管理,尤其是在建设中期和末期要对建设成效进行评价,建立有进有出的动态调整机制。可以看出,对"双一流"建设进行科学评价,能够充分激发高校和学科的内生动力和发展活力,是促进"双一流"建设发展的核心和关键。因此,构建科学合理的"双一流"建设评价体系是打破高校身份固化、促进高校和学科良性竞争、保证"双一流"建设动态调整机制顺利实施的重要研究课题。

"双一流"建设不是凭空提出的,它与我国高等教育发展阶段、经济发展水平密切相关。

2019年全国教育事业发展统计公报显示,全国各类高等教育在学总规模约4 002万人,高等教育毛入学率为51.6%,代表我国高等教育正式进入普及化阶段[4]。20世纪70年代,美国教育学者马丁·特罗提出了国家高等教育发展包括精英教育阶段、大众教育阶段和普及教育阶段,其主要指标是高等教育的毛入学率,即在校学生人数与传统高等教育适龄人口的比例。具体为,高等教育毛入学率在精英教育阶段低于15%,在大众教育阶段为15%～50%,而到了普及教育阶段则达到50%以上。

我国高等教育的毛入学率从 2000 年的 12.5% 上升至 2019 年的 51.6%,在短短的 20 年时间里,实现了从精英化发展到普及化发展的转变,这样的发展规模和速度不仅提高了全民教育水平,而且适应了国家经济发展的要求,奠定了我国作为世界高等教育大国的地位。值得注意的是,高等教育进入普及化阶段后,单纯的规模化发展已经不能够满足我国高等教育的现实要求,需要从根本上提高我国高等教育的质量,实现高等教育的可持续发展。

党的十九大报告中明确指出,我国经济已由高速增长阶段转向高质量发展阶段,正处在转变发展方式、优化经济结构、转换增长动力的攻关期,必须向追求高质量和高效益增长的模式转变。2014 年 5 月,习近平同志在河南考察时首次提出我国经济发展的"新常态"概念,并强调,我国发展仍处于重要战略机遇期,我们要增强信心,从当前我国经济发展的阶段性特征出发,适应"新常态",保持战略上的平常心态。"新常态"主要表现为,国家经济增长速度正从高速转变为中高速,发展方式由粗放型向集约型、规模速度型向质量内涵型转变,发展动力也从要素驱动、投资驱动转变为创新驱动。高校作为创新驱动的主体,对我国经济发展起着重要的支撑作用,国家经济发展的"新常态"也对高等教育提出了新要求。

面对我国高等教育普及化发展的新阶段和经济发展的"新常态",高等教育只有更加注重内涵式发展,打破固有身份和过度依赖要素驱动的现状,在体制机制、组织结构、文化建设等方面不断创新,才能够真正提升综合实力和国际竞争力,为实现"两个一百年"奋斗目标和中华民族伟大复兴的中国梦提供有力支撑。

拥有世界一流大学和一流学科是国际竞争力和高等教育综合实力的重要标志,而建设世界一流大学和一流学科已深入诸多国家的发展战略体系中。各国政府寻求拓展其在知识市场中的国家地位,在这个过程中,高等教育和学术研究被认为是经济增长的引擎与动力。无论是从全球大学排名还是学科排名都可以看出,代表高等教育发达水平的美国几乎占据了排行榜中的大多数名次。英国、德国、日本、韩国等国家近年来也都相继推出了"精英倡议""卓越计划"等,以支持大学和学科发展,通过"优中选优""重点支持"来打造自己的世界一流大学和一流学科。一流大学建设与一流学科建设是互为补充、各有侧重、相辅相成的。一流大学建设是一流学科建设的基础,随着一流大学的建设,高校在整体办学水平提升的同时,会为一流学科建设提供物质与精神保障,一流学科建设则为一流大学建设提供了支撑和基础。

学科是大学的组成单元,是承载大学人才培养、科学研究、社会服务、文化传承和创新等职能的基本组织,大学职能的发挥是通过一个个具体的学科来实现的,没有学科的参与,大学的职能就无法顺利发挥。同时,学科是大学竞争力和创新力的基础,也是大学赖以生存和发展的核心。世界一流大学,无一不是因为拥有世界一流的学科而闻名。加州大学原校长田长霖教授曾受清华大学邀请发表演讲,他表示,世界上地位上升很快的学校,不可能有很多学科同时达到世界一流,都是在一两个领域首先取得突破,所以办学要有先有后,首先扶持最优异的学科,把它变成全世界最好的。正因为学科,特别是一流学科,对大学的建设如此重要,所以大学建设必须从学科建设抓起,集中力量建设若干"世界一流学科",进而推进大学整体实力的提升。

无论是激发高校自身学科建设活力,还是支撑和服务于教育主管部门决策,亦或是满足社会对大学和学科的相关信息了解,都需要科学的学科评价。基于一流学科建设评价研究的复杂性和学科的多样性,在统筹推进一流大学和一流学科的建设过程中,不能继续沿用传统的以学术成果产出为主要评价指标的学科评价体系,而是要始终坚持以立德树人为根本,以支撑创新驱动发展战略、服务经济社会发展为导向,建立一套"中国特色、世界一流"的学科建设成效评价体系和评价方法,为我国高校学科建设提供较为科学的评价依据,从而引导和促进我国高校对标世界一流,明确自身发展路径,早日迈进世界一流学科行列。

1.2　研　究　意　义

作为陕西省 2022 年教师教育改革与教师发展研究重点项目"陕西省高校师德师风调查研究"(SJS2022ZD006)的阶段性研究成果,本书基于教育评价理论和高等教育质量管理理论,在"双一流"建设的战略背景下,梳理具有代表性的一流学科评价体系,厘清一流学科建设评价中的若干重要逻辑关系,构建面向学科表现度的一流工学学科建设成效评价体系,构建 D 数偏好关系矩阵评价模型,并对三所高校的材料科学与工程学科进行实例研究,为我国高校科学合理地开展一流学科建设成效评价提供理论支持与对策建议,具有一定的理论意义和实践价值。

1.2.1　理论意义

1)梳理具有代表性的全球性一流学科评价体系和区域性一流学科评价体系,为我国高校合理利用不同类型的一流学科评价体系提供理论依据。本书从学科分类、评价指标、指标权重、评价主体等不同维度分别对具有代表性的5个全球性一流学科评价体系和3个区域性一流学科评价体系进行深入严谨的比较和研究,分析不同类型一流学科评价体系的特点和适用范围,为我国高校正确认识并合理利用不同类型的一流学科评价体系奠定基础。

2)选取面向学科表现度的一流工学学科建设成效评价指标,并构建相应的评价体系,充实现有一流学科建设评价的研究维度。现有学科建设评价体系多是关注于学科建设中人才培养、科学研究和社会服务等学科产出指标的评价,没有充分考虑学科基础和过程管理相关指标对一流学科建设成效的影响。本书运用教育评价理论和高等教育质量管理理论,对影响一流学科建设的各个环节进行深入系统的研究,选取面向学科表现度的一流工学学科建设成效的三级评价指标,并在此基础上构建评价体系,作为一流学科建设成效评价体系的重要补充,丰富现有一流学科建设成效评价的研究维度。

3)在面向学科表现度的一流工学学科建设成效评价体系中构建 D 数偏好关系矩阵评价模型,为一流学科建设成效评价提供新方法。对各高校一流学科建设成效进行评价时,运用 D 数偏好关系矩阵理论建立被评价学科间的评价模型,能够避免传统评价中因专家评价意见的不确定性而造成评价结果不准确的情况发生。本书在面向学科表现度的一流工学学科建设成效评价体系中,构建 D 数偏好关系矩阵评价模型,通过对各评价指标设置最优情况下的理想值,并以理想值为基准,得到评价对象间的偏好关系,可以保证各评价对象的评价结果具有独立性,有效避免特定对象的评价值随其他对象评价值改变而发生变化的情况,进而扩展 D 数偏好关系矩阵的研究范围,进一步完善一流学科建设成效的评价方法。

1.2.2　实践意义

1)引导我国高校充分重视学科基础和过程管理相关指标对一流学科建设成效的影响,为全面提升一流学科建设成效提供思路。本书揭示学科基础、过程管理和学科产出等一级指标和相关的二级、三级指标对一流学科建设成效评价结果的影响,有助于高校管理者和学科建设者了解学科基础和过程管理对于学科建设的重要意义,将学科建设过程中的各个环节通盘考虑,不再仅仅围绕学科产出进行学科建设,为全面提升我国高校一流学科建设成效提供思路,也为教育主管部门制定一流学科建设成效评价政策提供新的视角。

2)在 D 数偏好关系矩阵评价模型中,选取 A、B、C 三所高校材料科学与工程学科进行实例研究,为我国高校开展一流学科建设成效评价的实践提供有效参考。本书在面向学科表现度的一流学科建设成效评价体系中,构建 A、B、C 三所高校和理想状态下的 I 高校材料科学与工程学科的 D 数偏好关系矩阵评价模型,评价结果表明,无论区别度 λ 如何变化,A 高校始终排名第一,B 高校次之,C 高校第三,且随 λ 值的增加,三所高校材料科学与工程学科建设成效评价值的差距呈越来越小的趋势,这验证了 D 数偏好关系矩阵评价模型的适用性和科学性,为我国高校开展一流学科建设成效评价的实践研究提供参考。

1.3 研究问题与研究内容

1.3.1 研究问题

目前具有较大影响力的全球性一流学科评价体系多是针对科研论文、学科声誉、师资队伍等学科建设指标进行评价的,而科研论文指标占比过高已成为影响学科建设评价结果的突出问题。我国教育部学位中心开展的第四轮学科评估虽然关注了学科支撑平台、人才培养质量、科学研究水平、社会服务、学科声誉和师资队伍等学科建设的多个方面,但"学科产出"类指标依然占据多数,没有对学科的组织管理结构和组织管理制度、学科文化传承与创新、学科经费以及国家或地方的支持政策等学科建设中的"过程管理"和"学科基础"类指标进行评价。现有国内外关于学科建设评价的文献虽然普遍认同一流学科建设评价的重要性和必要性,但对于一流学科建设评价的类型和适用范围的相关研究尚不够系统深入,关于如何构建科学合理的一流学科建设成效评价体系的研究还处于起步阶段,尤其是对于一流学科建设成效评价方法的研究还有进一步探索的空间。基于此,提出本书研究的核心问题,即在"双一流"建设的战略背景下,如何构建合理的一流学科建设评价体系并科学地评价,从而引导我国高校各学科内涵式发展和质量提升。围绕这一核心课题,本书提出以下三个相互关联的研究问题:

研究问题 1:在"双一流"建设的战略背景下,各高校建设学科在一流学科建设水平评价、一流学科建设成效评价和一流学科建设绩效评价中应该选择哪一种评价作为指导和研判自身学科建设的依据?在方案符合度评价、目标达成度评价和学科表现度评价中应该选择哪一种评价作为"中国特色、世界一流"的学科建设目标?

研究问题 2:学科建设是一项系统工程,在构建一流学科建设成效评价体系时,除人才培养、科学研究、社会服务、师资队伍等学科建设常见的指标之外,还有哪些指标能够影响一流学科建设成效?

研究问题 3:如何选取科学的评价方法,在已构建的面向学科表现度的一流工学学科建设成效评价体系中更好地反映评价专家意见和学科建设实际?

1.3.2　研究内容

本书根据提出的研究问题,按照以下逻辑顺序依次展开研究。

(1)学科建设评价理论研究

针对现有学科评价类型和适用范围的模糊性,界定学科、一流学科、一流学科建设的基本概念,厘清一流学科建设水平评价、成效评价和绩效评价之间的关系,辨析方案符合度评价、目标达成度评价和学科表现度评价的区别和适用范围,并阐述在"双一流"建设的战略背景下,选择面向学科表现度展开一流学科建设成效评价的必要性和合理性。

(2)学科建设成效评价指标研究

梳理和借鉴具有代表性的全球性一流学科评价体系、区域性一流学科评价体系、学科建设评价相关理论与实践经验,运用教育评价理论和高等教育质量管理理论,对影响一流学科建设的各个环节进行深入系统的研究,将一流学科建设成效的一级评价指标划分为学科基础、过程管理和学科产出三个维度,在此基础上,通过文献研究,筛选得到相应的二级、三级评价指标集。

(3)学科建设成效评价体系研究

在初步筛选出学科建设成效三级指标集的基础上,通过学术研讨、专家深度访谈和预调研,对指标进行优化,并制作、发放和收集调查问卷,对有效样本进行描述性统计分析和信度、效度检验,验证所选评价指标的科学性;运用熵权法对评价指标赋权,构建完成面向学科表现度的一流工学学科建设成效评价体系。

(4)学科建设成效评价模型研究

运用 D 数理论在处理不确定信息方面的优势,在面向学科表现度的一流工学学科建设成效评价体系中构建 D 数偏好关系矩阵评价模型,选取 A、B、C 三所高校材料科学与工程学科作为实例研究对象,通过将 I 高校材料科学与工程学科各评价指标设置成最优情况下的理想值,并以理想值为基准,构建 A、B、C、I 之间的 D 数偏好关系矩阵,得出评价结论,验证前述构建评价体系及评价模型的适用性和科学性。

1.4　研究方法、结构安排与技术路线

1.4.1　研究方法

根据本书提出的研究问题,拟采用下述方法进行研究。

(1)文献研究法

系统梳理国内外关于学科、一流学科、一流学科建设和一流学科建设评价等概念的相关文献,把握一流学科建设评价领域国内外研究动向及最新成果,深入研究教育评价理论、高等教育质量管理理论,为开展"中国特色、世界一流"学科建设评价研究奠定理论基础。

(2)比较分析法

选取具有代表性的 5 个全球性一流学科评价体系和 3 个区域性一流学科评价体系作为研究对象,从学科分类、评价指标、指标权重、评价主体等不同维度进行比较分析,为构建面向学科表现度的一流工学学科建设成效评价体系提供科学依据。

(3)专家访谈法

通过与部分"一流大学"建设高校学科建设部门、发展规划部门等专家领导进行面对面深入研讨,听取各位专家对评价指标选取和评价体系构建等方面给出的建议和意见,明确面向学科表现度的一流工学学科建设成效评价的内涵和外延。

(4)问卷调查法

收集和梳理教育主管部门和权威第三方评价机构发布的评价观测指标以及已有文献的成熟评价指标,结合本书的研究背景和研究目的,修改和完善后形成初始问卷,经学术研讨、专家深度访谈和小范围预调研,对问卷进行修订和调整,进而进行大样本正式调查,得到有效样本。

(5)数学建模与统计分析法

利用 SPSS22.0 和 AMOS22.0 统计软件,对问卷数据进行描述性统计分析、信度检验、效度检验(探索性因子分析和验证性因子分析);运用熵权法对各级指标进行赋权;构建 A、B、C 三所高校和理想状态下的 I 高校材料科学与工程学科 D 数偏好关系矩阵并求解,得到其学科排名和具体评价值。

1.4.2　结构安排

第 1 章，绪论。从本书的研究背景出发，阐述一流学科建设成效评价研究的重要理论意义和实践意义，在此基础上提出本书的核心研究问题及对应的子问题，并对研究方法、研究内容、结构安排和技术路线进行说明，最后提出本书的创新点。

第 2 章，理论基础与研究评述。对教育评价理论、高等教育质量管理理论进行深入研究，围绕学科、一流学科、一流学科建设、一流学科建设评价等核心概念进行研究评述，深入分析具有代表性的全球性一流学科评价体系、区域性一流学科评价体系，找出现有研究的不足和待完善的研究边界。

第 3 章，面向学科表现度的一流工学学科建设成效评价体系的初建。以"中国特色、世界一流"为目标，结合"双一流"政策的具体要求，对影响一流学科建设的各个环节进行深入系统的研究，选取三级评价指标。

第 4 章，评价指标的科学性验证、权重的确定及评价体系的构建。通过学术研讨、专家深度访谈和预调研，对第 3 章确定的评价指标进行筛选和优化；制作调查问卷并收集数据，对有效样本进行描述性统计分析、信度检验、效度检验，验证评价指标选取的科学性；运用熵权法对评价指标赋权并分析权重结果；构建完成面向学科表现度的一流工学学科建设成效评价体系。

第 5 章，D 数偏好关系矩阵评价模型的构建与实例研究。分析 D 数偏好关系矩阵理论在本书中的适用性，在面向学科表现度的一流工学学科建设成效评价体系中，构建 D 数偏好关系矩阵评价模型，并选取 A、B、C 三所高校材料科学与工程学科进行实例研究，得到学科建设成效排序及随区别度 λ 变化的具体评价值。

第 6 章，提升一流学科建设成效的对策与建议。针对高校和教育主管部门提出提升一流学科建设成效的对策与建议。

第 7 章，总结与展望。对本书研究工作进行梳理与总结，指出研究存在的不足及未来可能的研究方向，为后续研究提供思路。

1.4.3　技术路线

本书的技术路线如图 1-1 所示。

研究阶段	研究内容	主要研究方法

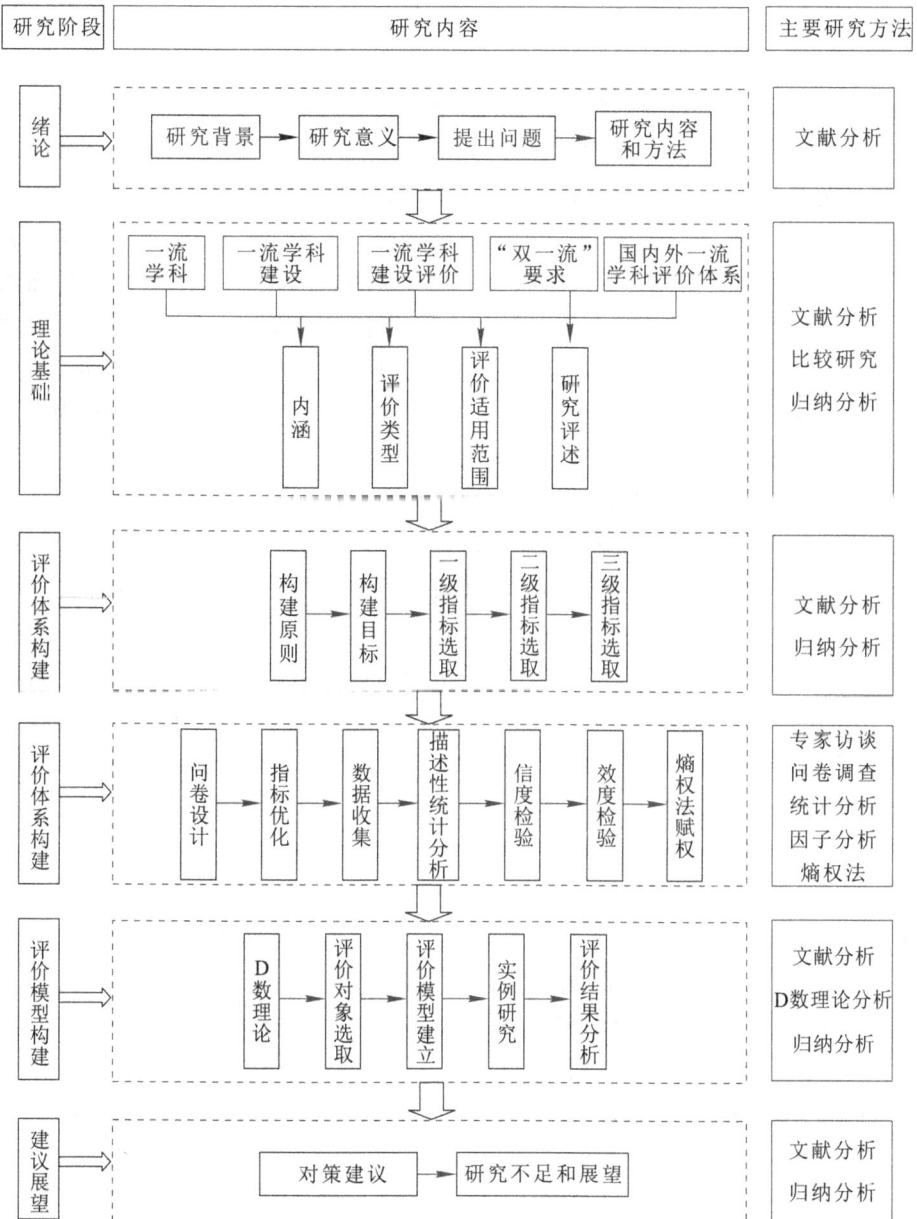

| 绪论 | 研究背景 → 研究意义 → 提出问题 → 研究内容和方法 | 文献分析 |

| 理论基础 | 一流学科 / 一流学科建设 / 一流学科建设评价 / "双一流"要求 / 国内外一流学科评价体系 → 内涵 / 评价类型 / 评价适用范围 / 研究评述 | 文献分析 比较研究 归纳分析 |

| 评价体系构建 | 构建原则 → 构建目标 → 一级指标选取 → 二级指标选取 → 三级指标选取 | 文献分析 归纳分析 |

| 评价体系构建 | 问卷设计 → 指标优化 → 数据收集 → 描述性统计分析 → 信度检验 → 效度检验 → 熵权法赋权 | 专家访谈 问卷调查 统计分析 因子分析 熵权法 |

| 评价模型构建 | D数理论 → 评价对象选取 → 评价模型建立 → 实例研究 → 评价结果分析 | 文献分析 D数理论分析 归纳分析 |

| 建议展望 | 对策建议 → 研究不足和展望 | 文献分析 归纳分析 |

图 1-1 本书的技术路线

1.5　主要创新点

1)本书厘清一流学科建设成效评价中的若干逻辑关系,辨明面向学科表现度的一流学科建设成效评价的内涵。厘清一流学科、重点学科、优势学科和特色学科的关系;厘清一流学科建设成效评价、水平评价、绩效评价的关系;厘清方案符合度评价、目标达成度评价、学科表现度评价的关系,进一步明晰面向学科表现度的一流学科建设成效评价的内涵。笔者认为,一流学科建设成效评价强调在一定建设周期后,学科建设方案符合情况、学科建设目标达成情况及学科表现情况,能反映学科发展的潜力和趋势;学科表现度评价的重要作用是引导各学科建设高校坚持卓越理念,追求世界一流。通过辨析,本书将学科表现度作为一流学科建设成效评价指标体系的主导逻辑。

2)构建面向学科表现度的一流工学学科建设成效评价体系,丰富我国高校一流学科建设评价的研究理论。深入研究影响一流学科建设成效的各个环节,选取面向学科表现度的一流工学学科建设成效评价指标集,并形成由一、二、三级指标构成的一流工学学科建设成效评价体系递阶结构。其中,一级指标包括学科基础、过程管理和学科产出等3项;二级指标包括硬件基础、政策与经费支持、学术团队、组织管理、文化传承与创新、人才培养、科学研究和社会服务等8项;三级指标包括图书资料及电子文献的的拥有量、仪器设备的拥有量等38项。研究验证了过程管理指标和学科基础指标是一流工学学科建设成效评价的两个重要维度,为我国高校一流学科建设评价提供新的研究视角。

3)在面向学科表现度的一流工学学科建设成效评价中构建D数偏好关系矩阵评价模型并进行实例研究,扩展D数偏好关系矩阵的应用范围。通过对各评价指标设置最优情况下的理想值,以理想值为基准得到评价对象间偏好关系的方式,并选取三所高校材料科学与工程学科进行实例研究。研究验证D数偏好关系矩阵评价模型的科学性和可靠性,使得各评价对象的评价结果具有独立性和稳定性,创新一流学科建设成效的评价方法,拓展D数偏好关系矩阵的应用范围。

第 2 章　理论基础与研究评述

在第 1 章提出研究问题的基础上,本章主要进行理论回顾、相关文献的梳理与研究评述,从而找出现有研究的不足和存在的问题,界定出本书研究问题的内涵与边界。

2.1　理 论 基 础

2.1.1　教育评价理论

在日常生活中,人们无时无刻不在评价着——对自然、对社会、对他人、对自己,同时又无时无刻不在被评价着——被他人、被自己。评价的主要特点包括:①评价是一种主体性的活动,它随着主体本身的不同而不同;②评价包含以决定论为基础的预见;③评价是实践与认识之间的中介。美国学者培里在《价值和评价》一书中指出,有关价值和评价的哲学理论,可以分为规范理论和元理论两大类:规范理论作出价值判断或进行评价,它告诉我们,什么是好的,什么是有价值的,什么是坏的,等等;元理论则对价值进行分析,它既不通过分析来作出价值判断,也不告诉我们什么是好的,什么是有价值的,相反,它确定善和价值是什么,确定某物是好的或有价值的。

教育评价是评价的一种类型。陈玉琨认为,教育评价是对教育活动满足社会与个人需要的程度进行价值判断的过程。虽然教育评价产生于近代,但学界普遍认为,教育评价的源头是中国古代的科举制度。科举制度是一种通过考生自由报考,按成绩高低录取的人才选拔制度,彻底摒弃了以往的世袭制和举荐制,是我国古代教育史上极具特色的教育评价制度。刘海峰指出,英国、法国和美国历史上的文官考试制度,都是从中国科举制度的经验中借鉴而来的。现代教育评价的多数方法也都是从科举制度这个源头延续和发展起来的。

1904 年,美国学者桑代克(Thorndike)在其出版的《心理及社会测量理论》

一书中详细地介绍了统计方法和编制测验的基本原理。此后,量表、测验等测量工具在教育评价中如雨后春笋般广泛出现。1918 年,桑代克又提出"凡存在的东西,必有数量""具有数量的东西,必可测量",奠定了教育测量的理论基础。这一阶段,教育评价在量化、客观和标准化等方面取得了重要进展,主要是编制各种量表来测定学生对知识的记忆状况或某种特质。

1929 年,美国爆发经济危机,许多青少年无法就业,而当时美国中学的课程设置仅为大学入学服务,还不能为青少年就业提供帮助,在这一背景下,美国社会开始对教育测量提出强烈批评。由美国学者泰勒(Tyler)主持的"八年研究",标志着由测量正式转入评价。"八年研究"是泰勒发起的一场非常重大的课程评价实验研究活动,他对一个毕业于实验学校的学生在上大学之后,与来自传统学校的学生在发展上进行比较,评价学生受教育后达到目标的程度,由此提出了以教育目标为核心的评价理论。泰勒定义了教育评价,即教育评价是衡量实际活动达到教育目标的程度,评价的本质是描述教育结果与教育目标的一致性程度。泰勒以教育目标为导向,教育评价则是教育目标和行为表现一致程度的确认。这一理论对教育评价产生了深远的影响,目前广泛使用的教育评价理论,就是在此基础上不断完善并发展起来的。

20 世纪 50—70 年代,教育家们对泰勒模式仅关注教育目标提出质疑。克龙巴赫(Cronbach)认为,评价是为进行决策提供信息的过程,评价不能只关心教育目标的达成度,而应该将重点放在教育过程中,对教育决策给予必要的改进。1966 年,斯塔弗比姆(Stufflebeam)首创由背景(Context)、输入(Input)、过程(Process)和成果(Product)这四种评价组成的一种综合评价模式,即 CIPP 评价模式,旨在为决策过程提供全面的信息。1975 年,比贝(Beeby)把评价定义为:"系统地收集信息和解释证据的过程,并在此基础上作出价值的判断。",他首次提出评价的本质是价值判断,这对教育评价理论的发展起到了十分关键的作用。在这一阶段,教育评价在本质上是关于"价值"的判断,因此制定价值判断标准显得尤为重要。

1984 年,古巴(Guba)和林肯(Lincoln)等人创立了第四代教育评价理论,他们从建构主义的哲学出发,认为评价就是所有参与评价活动的人们共同建构的过程,通过协商、对话和交流,不断协调教育价值观,从而调和人们关于教育评价结果的意见分歧,进而整合成为共同、一致的看法。第四代评价理论的提出引起了教育评价领域较大的震动。与以往那种基于科学主义、面向过去、自上而下、评价标准单一、评价主体一元化、评价方法量化、缺少交流与合作的评价相比,新的评价模式更加关注评价的促进发展功能,重视被评者的意见和要求,强调运用质性的研究方法,在自然的情景下促进评价者和被评价者之间的信息交流和沟通。Nell Russell 等学者运用第四代评价理论鼓励和指导教师更积极地参与评价,以提升学校的教学质量。

总体来看,教育评价的标准既要包括对教育活动"质"的分析,也要包括对教育活动"量"的描述,在评价中,评价主体应当多元化,包含所有和评价活动相关的人员,同时,要采用必要的测量手段和测量方法进行科学的评价,这可以作为本书探讨如何对一流学科建设成效进行科学评价的理论基础。

2.1.2　高等教育质量管理理论

"质量管理"一词通常在企业领域中使用,而在高等教育领域中多采用"质量评估""质量评价""质量审核""质量保障"等词来反映高等教育质量。这些概念的逻辑关系容易造成混淆,在实际操作中也往往交替使用,甚至经常用"质量评价""质量保障"等代替"质量管理"。"高等教育质量管理"是对"高等教育质量"进行"管理",而管理是维持和改进高等教育质量的方法,质量管理代表了人们通过管理提升高等教育质量的过程,因此,高等教育质量管理是管理和评价的集合。

20 世纪 90 年代,随着全面质量管理理论的引入,高等教育"质量管理"的意识才开始逐渐出现。目前,高等教育质量领域的管理理论主要包括全面质量管理理论、ISO 9001 系列标准认证、服务质量管理理论和质量认同理论等。其中,又以全面质量管理理论的应用最为广泛。

哈佛大学教授阿曼德·费根鲍姆(Armand Vallin Feigenbaum)在 20 世纪 50 年代,首次提出了全面质量控制(Total Quality Control,TQC)理论,在此基础上进一步演化为全面质量管理(Total Quality Management,TQM)理论。全面质量管理理论的核心是全员、全过程、全方位地满足客户对于质量的需求。企业希望采用全面质量管理提高效率、可靠性和质量,从而提高企业的组织绩效。美国和日本率先使用全面质量管理理论,用以提升企业的产品质量。全面质量管理思想就是在提升质量的基础上,将顾客满意度作为管理全过程的核心内容,通过持续评价,时刻考虑组织本身的产品和效果是否能够满足顾客的需求,目标是在管理方式上使顾客满意度不断提升。全面质量管理理论认为,提高质量是终极目标,它要求改变传统的管理理念和方式,注重全员参与、全过程管理,将产品与顾客满意度紧密结合。

全面质量管理的产生,最初是为了解决制造环境下的生产问题;Ismail Sila 提出,运用全面质量管理,有助于改善企业社会绩效、财务和市场绩效;Eugene Levnera 等运用全面质量管理来提高生产维修系统中管理的有效性;Xiao-hua Song 等结合 TQM 的基本要点,应用 PDCA 针对影响周期和控制质量管理的因素,建立了基本的质量管理体系配电工程质量管理模式。其中:P(Plan)计划,D(Do)执行,C(Check)检查,A(Act)处理。

在高等教育中应用全面质量管理理论,主要目的是推动高等教育质量提升。衣海裳提出,全面质量管理在高等教育管理的现实运行中可能会遇到顾客至上、管理和文化融合三方面的困境。潘艳民认为,高等教育借鉴全面质量管理理念,实行制度和改革创新,运用相关政策及策略,可以实现对本科教育质量的全面把控和管理,从而实现本科教育质量的全面提升。高校对全面质量管理思想方法的重视程度,意味着国际高等教育逐步将教育质量当作一个十分重要的发展和改革方向,是高校对于高等教育保障体系重新再认识的过程,也是高等教育质量管理理论研究上升到一个新平台的重要特征。全面质量管理理论是一种思想,对高等教育管理具有一定的指导意义,它的全面质量观、全程观测观和全民参与观对高等教育管理有着可行的借鉴意义,它这种持续的、非静态的特征对质量的全面提高有着积极的意义,即追求质量不断向前改进。陈申华等从宏观、中观、微观三个层次对高等教育领域运用全面质量管理理念进行研究,提出了建立具有完善的决策、执行、监督、反馈和咨询系统的高等教育的宏观管理体系,进一步转变政府教育管理职能,以科学发展观为指导,构建一级管理体制新模式等相应的改革措施。

"双一流"建设《实施办法》中明确指出,要"加强学科建设的过程管理,实施动态监测,及时跟踪指导",这与高等教育质量管理理论的核心观念高度一致,也为本书构建一流学科建设成效评价体系提供了理论依据。

2.2　学科与一流学科

一流学科建设评价的理论与实践研究是当前高等教育研究的热点和难点,学者们围绕什么是一流学科以及如何建设一流学科、如何评价一流学科等问题开展了广泛而深入的讨论。一流学科建设评价研究的复杂性和学科的多样性,加之研究者的学科背景各不相同,使得研究结果各有侧重。其中,最为核心和关键的是要明确评价对象并正确理解其内涵,这是对一流学科进行评价的逻辑起点。

2.2.1　学科研究

(1)学科内涵

"学科"是一个使用广泛而含义多重的术语,在不同的文化和语境中,具有不同的定义和标准。同时,学科也是一个历史的范畴,它既是时代精神孕育的结果,又总是处于过渡和发展状态,人类对学科的认识也是一个不断深化的过程。随着时间的推移,学科不断被赋予新的内涵和外延,其功能和价值也随之不断扩展。

"学科"一词从词源上与学习有着密切的联系,有学者认为,其来自古拉丁语中的动词 discers(学习)及其派生的名词 disciplus(学习者),或源自印欧字根,即希腊文中的 didasko(教)和拉丁文中的(di)disco(学)。英文 discipline 指各门知识,尤其是医学、法律和神学这些新兴大学中的"高等部门"。国外多种词典、辞书中都对 discipline 进行了多种注解,包括萨美尔的《英语词典》(第一卷)关于 discipline 有 6 条含义,1981 年出版的《世界辞书》有 9 条解释,1989 年出版的《牛津大词典》(第一卷)、1972 年出版的《苏联大百科全书》等,一般都包括科学门类或某一研究领域、一定单位的教学内容、规范等含义。

从大学的整体发展历史来看,大学内部的学科并非随着大学的产生自然而然地出现,而是根据现实需要,在历史发展过程中逐步形成的。严格地讲,大学起始于 12 世纪的西欧,曾有"世界大学"之称的巴黎大学当初设有艺、神、医、法四科,分科培养人才,这一传统延续至今而无质变。其中艺属于基础学科,教授的课程是"七艺"。我国也有"四部之学",即经、史、子、集之内的经学、史学、诸子学、词章学等传统学术科目。

1316 年,被世界范围内公认的、拥有完整大学体系并发展至今的第一所大学,即博洛尼亚大学,其医学、哲学、数学、天文学、逻辑学、修辞学和语法学等学科成立了各自的学院,1360 年神学研究者也成立了自己的学院。随着古典人文主义教育的兴起,希腊时代对于自然科学的探讨也得到了恢复,包括语言、文学、艺术、伦理、哲学和自然科学等与中世纪基督教神学相对立的广义的人文学科在大学的设置中挤掉了神学的垄断地位,从而完成了大学教育内容的世俗化。近代科学产生以前,人们把几乎所有的学科知识都归属于哲学范畴,知识分化不太明显,知识呈现出高度的综合性和概括性。

16 世纪开始的近代科学革命确立了科学在社会现代进程中的统治地位,"科学已被当作唯一有价值的知识源泉"。实验科学的产生和发展,使各门自然科学知识陆续从哲学中独立出来,以还原论和分析论为主要研究方法,追根究底,不断深入,科学研究逐渐达到了相当精细的程度,促进了科学的迅速发展,形成了呈树状发展的学科结构。与此同时,我国近代大学引入西方学术的分科观念和分科方法,形成"七科之学",即文、理、法、农、工、商、医之内的数、理、化、文、史、哲、政、经、法、农、工、医等诸多现代学术科目,这既是中国传统学术形态向现代学术形态转型的重要标志,也是中国近代大学学科体系形成的重要标志。

19世纪末20世纪初以来,以学科分化为特征,以相对论和量子力学等新理论为代表的科学革命诞生后,自然科学迅猛发展,人类社会迎来了科学与技术相融合的新时代。社会科学领域的新学科也不断出现,自然学科和人文学科逐渐形成了各具特色的发展模式。

从20世纪中叶开始到现在,学科一方面不断向纵深发展,学科门类越来越多,学科分类研究更加深入,另一方面呈现出高度分化下的高度综合特征,传统的学科边界日益模糊,大量新兴交叉学科涌现,逐渐成为知识发展的一种新时代特性。科学的发展史表明,科学的重大突破点往往发生在科学需要和科学内在逻辑的交叉点上,也往往与一门新的交叉学科的诞生相联系。具体表现为:横断学科(如数学、系统论、控制论、信息论)从方法上把各门学科贯通和联系起来,一批代表高技术的综合学科相继问世(如信息科学、环境科学、能源科学、航天科学),更明显地表现出科学整体化的特点,学科交叉呈现更大跨度的趋势,科学与技术相互渗透,实现了科学和技术的综合,不但如此,还在科学、技术、文学、艺术之间开始广泛交叉。

德国学者黑克豪森运用经验和事实分析的方法来考察学科,认为它是对同类问题所进行的专门的科学研究,以便实现知识的新旧更替、知识的一体化以及理论的系统化与再系统化。日本学者田浦武雄对教育学的定义是"教育学是对教育进行学术研究并综合成的一个理论体系"。比利时交叉学科理论专家阿玻斯特尔教授受到贝尔纳科学社会学观点的启发,把科学看成是一种动态的社会活动,他认为,一门科学是一群人的产物,只要这些人从事某些活动(观察、实验、思考),这些活动又导致某些相互作用,而这些相互作用又只有通过交流(文章、口头交流、书籍)才能实现,这些交流主要在本学科的实践者内部,也在外部进行,这种活动只有在具有通过教育手段从一代传到下一代的特点时,才能被称为学科。伯顿·克拉克认为,学科是一种联结化学家与化学家、心理学家与心理学家、历史学家与历史学家的专门化的组织方式,同时,他在《高等教育新论》一书中明确指出,学科应该包括两种涵义,即作为多门知识的"学科"和围绕这些"学科"而建立起来的组织。托马斯·库恩指出,科学共同体是由一些学有专长的实际工作者所组成的,他们由他们所受教育和训练中的共同因素结合在一起,他们专门探索一些共同的目标,同时,培养自己的接班人。米歇尔·福柯认为,学科不仅表现为静态的知识,还涵括了一种动态的知识分类和知识生产结构、生产方式和生产制度,即所谓的知识——权利体制,这种制度包括潜性的学科规训权力和显性的规范要求,通过对研究主体、研究对象、研究载体、研究方法以及学科新人的控制来规约学科的发展。这些相关研究说明,学科不仅仅是知识体系,还同时代表了科学研究、组织结构、社会活动和规训制度等。

相较于英文 discipline 丰富而广泛的内涵,汉语中的"学科"一词还不能将其含义完全覆盖。《现代汉语词典》中对学科的定义为:①按照学问的性质而划分的门类,如自然科学中的物理学、化学,②按照学校教学的科目,如语文、数学;③军事训练或体育训练中的各种知识性的科目(区别于"术科")。《辞海》中对学科的定义为:①学术的分类。指一定的科学领域或一门科学的分支,如自然科学部门中的物理学、生物学,社会科学部门中的史学、教育学等。②教学的科目。学校教学内容的基本单位,如普通中小学的政治、语文、数学、外国语、物理、化学、历史、地理、音乐、图画、体育等。

刘献君认为,学科是人类在认识和研究活动中针对认识对象,将自己的知识划分出来的集合,是相对独立的知识体系。企吾伦等认为,学科是在科学发展中不断分化和整合而形成和发展的。彭旭指出,学科根据知识体系自身的逻辑和规律进行划分,能够形成"树状知识结构",所以说学科发展的核心是知识的发现与创新。孙锦涛等认为,学科不仅是知识形态,也是活动形态和组织形态,学科是由这三种形态组成的统一体,其中,学科的知识形态是学科的核心,学科的活动形态是学科的基础,学科的组织形态是学科的表现形式。胡建雄指出,学科其实是高等教育系统区别于其他系统的特有的基本结构。从传递知识、教育教学的角度看,学科的涵义是"教学的科目"(Subjects of Instruction),即教的科目或学的科目;从生产知识、学问研究的角度看,学科的涵义则是"学问的分支"(Branches of Knowledge),即科学的分支或知识的分门别类;从组织教学和研究的角度看,学科的涵义则是学界或学术的"组织单位"(Units of Institution),即从事教学和研究的机构。尽管学科仍有其他涵义,但这三者最为基本。杨天平认为学科概念主要包括:①一定科学领域或一门科学的分支;②按照学问的性质而划分的门类;③学校考试或教学的科目;④相对独立的知识体系。周光礼等提出,知识体系是学科概念的核心内涵,学科主要是基于知识、权力与规训的制度组合。雷环等则认为,高校的学科具有"权力-知识-组织"三元耦合结构,从而将人员、物质资源和信息资源吸纳进来,以维系自身可持续发展。

综上所述,笔者认为学科既是相对独立的知识体系,又是专门化的组织系统,具体为:

1)学科是相对独立的知识体系。从历史的长河中考察,无论学科概念及其内涵如何演变,在本源上始终指具有相同或相关知识的集合。学科是人类在认识世界、了解世界过程中不断将知识总结、归纳、重组形成的逻辑体系,是各类知识体系的静态表现。在知识体系的内涵下,包括教学科目说和学问分支说,教学科目说侧重于知识的传播,学问分支说则侧重于知识的创造。

2)学科是专门化的组织系统。学科是通过知识领域将学者们紧密联系的专门化组织方式,是由一群学者及其所依赖的一定学术物质基础围绕知识进行的创造、传递、融合与应用的活动所组成的组织系统,是一个实际存在的具有组织形态的学术组织系统。大学正是由一个个作为组织形态的学科构成的。因此,作为大学的基本组织单元,学科具备大学人才培养、科学研究、社会服务、文化传承与创新、国际交流与合作等方面的职能。

学科受内在发展逻辑和外部社会需求共同影响。根据知识的相近或不同,各学科建立起相对独立又完整的知识体系,学科拥有了特定的边界。随着知识的创新发展和社会需求的不断变化,学科原有边界逐渐模糊,甚至被打破、重组,由此产生新的知识体系,交叉学科、新兴学科应运而生。可以说,遵循和尊重学科发展的内在逻辑和所处环境的社会需求,才能够使学科健康发展。

同时,学科具有独特的学科文化。无论是在学科知识创造中,还是在学科新人培养中,学科活动都带有鲜明的人文诉求,这种人文诉求不仅反映在具体的社会文化观念和价值取向上,还反映在文化传统的继承与延续上。不同学科在发展过程中逐渐形成了独特的理论体系和研究方法,在对"学科人"进行培育的过程中,同一学科的"学科人"拥有了相对一致的价值标准、学术规范、思维模式和行为方式,从而有别于其他学科,形成了各具特色的学科文化。

(2)学科的划分

分类评价是高等教育评价中最常见的模式,一般会依据学科特点确定评价指标和评价方法,从而引导学科合理定位,避免学科趋同化发展。按照学科是一种相对独立的知识体系的概念界定,不同国家和机构根据经济发展、社会需求、信息统计等不同目的对学科进行划分。

我国现行的学科分类主要指应用于研究生教育的《学位授予和人才培养学

科目录》,应用于科技政策和科技发展规划以及科研项目、科研成果统计和管理的《中华人民共和国学科分类与代码国家标准》(GB/T 13745-2009),以及申报国家自然科学基金委员会相关项目时按学部划分的学科分类目录等。

2018 年 4 月更新的《学位授予和人才培养学科目录》中按照学科门类和一级学科划分,是国家进行学位授权审核与学科管理、学位授予单位开展学位授予与人才培养工作的基本依据,适用于硕士、博士的学位授予、招生和培养,并用于学科建设和教育统计分类等工作。其中,学科门类包括哲学、法学、理学、工学、农学、医学、军事学、管理学等 13 个,涵盖一级学科 111 个。《学位授予和人才培养学科目录》中的学科门类和一级学科见表 2-1。

表 2-1　《学位授予和人才培养学科目录》中的学科门类和一级学科

序　号	学科门类	一级学科数量	一级学科
1	哲学	1	哲学
2	经济学	2	理论经济学、应用经济学
3	法学	6	法学、政治学、社会学、民族学、马克思主义理论、公安学
4	教育学	3	教育学、心理学、体育学
5	文学	3	中国语言文学、外国语言文学、新闻传播学
6	历史学	3	考古学、中国史、世界史
7	理学	14	数学、物理学、化学、天文学、地理学、大气科学、海洋科学、地球物理学、地质学、生物学、系统科学、科学技术史、生态学、统计学
8	工学	39	力学、机械工程、光学工程、仪器科学与技术、材料科学与工程、冶金工程、动力工程及工程热物理、电气工程、电子科学与技术、信息与通信工程、控制科学与工程、计算机科学与技术、建筑学、土木工程、水利工程、测绘科学与技术、化学工程与技术、地质资源与地质工程、矿业工程、石油与天然气工程、纺织科学与工程、轻工技术与工程、交通运输工程、船舶与海洋工程、航空宇航科学与技术、兵器科学与技术、核科学与技术、农业工程、林业工程、环境科学与工程、生物医学工程、食品科学与工程、城乡规划学、风景园林学、软件工程、生物工程、安全科学与工程、公安技术、网络空间安全

序　号	学科门类	一级学科数量	一级学科
9	农学	9	作物学、园艺学、农业资源与环境、植物保护、畜牧学、兽医学、林学、水产、草学
10	医学	11	基础医学、临床医学、口腔医学、公共卫生与预防医学、中医学、中西医结合、药学、中药学、特种医学、医学技术、护理学
11	军事学	10	军事思想及军事历史、战略学、战役学、战术学、军队指挥学、军事管理学、军队政治工作学、军队后勤学、军事装备学、军事训练学
12	管理学	5	管理科学与工程、工商管理、农林经济管理、公共管理、图书情报与档案管理
13	艺术学	5	艺术学理论、音乐与舞蹈学、戏剧与影视学、美术学、设计学

　　《中华人民共和国学科分类与代码国家标准》(GB/T 13745－2009)(2009年5月6日发布,2009年11月1日实施)指出,该标准建立的学科分类体系是直接为科技政策和科技发展规划以及科研项目、科研成果统计和管理服务的,以科学性、实用性、简明性为主要原则。该标准主要依据学科的研究对象、学科的本质属性或特征、学科的研究方法、学科的派生来源、学科研究的目的与目标5方面进行分类,共设自然科学、农业科学、医药科学、工程与技术科学、人文与社会科学5个学科门类,62个一级学科或学科群、676个二级学科或学科群、2 382个三级学科等。其中,一级学科一般是指具有共同理论基础或研究方向较为一致的学科集合,二级学科是组成一级学科的基本单元。

　　美国学科专业分类目录(Classification of Instructional Programs，CIP)由美国国家教育统计中心编制、美国教育部发布,比较全面、客观地反映了学科专业的相关信息,并且及时公布美国学科专业的最新发展和变化,其学术性和实用性获得了社会各界的普遍认可,在指导学科专业设置、教育资源配置和规划、教育整体布局等方面得到了广泛应用。2002年颁布的CIP包含了17个学科大类、38个学科群和362个学科。

　　Essential Science Indicators(ESI),即基本科学指标数据库,是由汤森路透集团于2001年推出的基于Web of Science的科学引文索引扩展版(Science

Citation Index Expanded，SCIE）和社会科学引文索引（Social Science Citation Index，SSCI）的分析型数据库，ESI 主要根据期刊属性将学科分为 22 个，见表 2 -2，再依学科进行各项计量统计，因其可量化的比较模式在学科评价中应用广泛而被大家熟知。

表 2-2　ESI 中的学科门类和学科

序　号	学科门类	学　科
1	工学	计算机科学（Computer Science）、工程科学（Engineering）、材料科学（Materials Sciences）
2	生命科学	生物与生化（Biology & Biochemistry）、微生物学（Microbiology）、环境/生态学（Environment/Ecology）、分子生物与遗传学（Molecular Biology & Genetics）
3	社会科学	一般社会科学（Social Sciences，General）、经济与商学（Economics & Business）
4	理学	化学（Chemistry）、地球科学（Geosciences）、数学（Mathematics）、物理学（Physics）、空间科学（Space Science）
5	农学	农业科学（Agricultural Sciences）、临床医学（Clinical Medicine）、植物与动物科学（Plant & Animal Science）
6	医学	免疫学（Immunology）、神经科学与行为（Neuroscience & Behavior）、药理学与毒物学（Pharmacology & Toxicology）、精神病学/心理学（Psychology/Psychiatry）
7	其他	多学科（Multidisciplinary）

2.2.2　一流学科研究

一流学科和一流大学的概念类似，它是一个在比较中产生的、相对模糊的概念，也可以看作是建设性概念和过程性概念，或综合概念和群体概念，一直存在着共性与个性矛盾。没有一流的学科不可能建成一流大学，这已经成为学界的共识，学科生产力构成了一流大学的基础。一流学科主要指特定的学科在不同比较范围内的水平差异，强调的是学科的自我比较，每一门学科都有自己的一流学科,如耶鲁大学和哈佛大学的法学、斯坦福大学的心理学、麻省理工学院的计算机科学、伯克利大学的化学以及普林斯顿大学的物理学等。

1.一流学科的提出

我国高校一流学科概念的提出伴随着高等教育的发展,是在经历了较长的学科建设过程后逐步明确下来的。

(1)准备阶段

1985年5月《中共中央关于教育体制改革的决定》中明确指出,为了增强科学研究的能力,培养高质量的专门人才,要改进和完善研究生培养制度,并且根据同行评议、择优扶植的原则,有计划地建设一批重点学科。

为贯彻落实这一决定的精神,国家教委于1987年在《关于评选高等学校重点学科的暂行规定》中明确指出了重点学科的定义和重点学科点应满足的条件。其中,重点学科的定义是,学科门类要比较齐全,学科门类结构比例和布局应力求合理,要有利于促进学科间的横向联合,逐步形成高校科研优势。同时,重点学科点应从符合条件的博士点中选定,应承担教学、科研双重任务,要逐步做到:能够自主、持续地培养和国际水平大体相当的博士、硕士、学士;能够接受国内外学术骨干人员进修深造,进行较高水平的科学研究;能够解决四化建设中重要的科学技术问题、理论问题和实际问题;能为国家重大决策提供科学根据,为开拓新的学术领域、促进学科发展作出较大贡献。重点学科点应满足的条件包括:意义重大、具有特色的学科发展研究方向,良好素质、结构合理的学术研究团队,良好的教学科研工作基础,一定的实验设备、图书资料、后勤保障等物质条件等。

这一时期遴选的重点学科虽然代表了我国高校学科的先进水平,但还不具备国际可比性,因此,可以将这一阶段称为一流学科建设的准备阶段。

(2)初始阶段

1995年11月,为贯彻落实《中国教育改革和发展纲要》,实施科教兴国战略,迎接世界新技术革命的挑战,国家决定实施"211工程",重点内容为,面向21世纪,重点建设100所左右的高等学校和一批重点学科,这是建国以来由国家立项在高等教育领域进行的规模最大、层次最高的重点建设工程,是中国政府实施"科教兴国"战略的重大举措,是中华民族面对世纪之交国内、国际形势而作出的发展高等教育的重大决策。其中,关于学科部分的建设目标是"一部分重点学科,接近或达到国际同类学科的先进水平"。

1998年5月4日,时任国家主席江泽民在庆祝北京大学建校100周年大会上,代表中国共产党和中华人民共和国中央人民政府向全社会宣告,为了实现现代化,我国要有若干所具有世界先进水平的一流大学。1999 年,国务院批转教育部《面向 21 世纪教育振兴行动计划》明确指出,"若干所高校和一批重点学科进入或接近世界一流水平",标志着"985 工程"正式启动建设。

可以看出,从 1995 年"211 工程"伊始的"国际先进水平"到"985 工程"启动时的"世界一流水平",我国高校学科建设的任务已经从国内转向了国际,可把这一阶段称为一流学科建设的初始阶段。

(3)全面发展阶段

进入新世纪以来,随着我国学科建设的"世界一流"目标逐渐清晰,我国高校学科建设进入全面发展阶段。2004 年 6 月,教育部、财政部印发《关于继续实施"985 工程"建设项目的意见》,标志着我国开始进行"985 工程"二期建设,建设目标是巩固一期建设成果,为创建世界一流大学和一批国际知名的高水平研究型大学进一步奠定坚实基础,使一批学科达到或接近国际一流学科水平,经过更长时间的努力,建成若干所世界一流大学。

2010 年 6 月,根据《国家中长期教育改革和发展规划纲要(2010－2020年)》,教育部、财政部印发《关于加快推进世界一流大学和高水平大学建设的意见》,决定在下一阶段"985 工程"建设中深入开展改革创新试点,以改革推动"985 工程"的全面建设。通过持续重点支持,加快推进世界一流大学和高水平大学建设,力争在 2020 年前后,形成一批达到国际先进水平的学科,使若干所大学跻身世界一流大学行列,使一批学校整体水平和国际影响力跃上一个新台阶,成为国际知名的高水平研究型大学,使一批学校成为特色鲜明的高水平研究型大学。

(4)深入推进阶段

2015 年 10 月,国务院印发"双一流"建设《总体方案》,标志着我国正式进入一流学科建设深入推进阶段。"双一流"建设《总体方案》要求,按照"四个全面"战略布局和党中央、国务院决策部署,坚持以中国特色、世界一流为核心,以立德树人为根本,以支撑创新驱动发展战略、服务经济社会发展为导向,坚持"以一流为目标、以学科为基础、以绩效为杠杆、以改革为动力"的基本原则,加快建成一批世界一流大学和一流学科,实现我国从高等教育大国到高等教育强国的历史性跨越。"双一流"建设《总体方案》指出,我国"双一流"建设"三步走"的战略路径,提出了"建设一流师资队伍""培养拔尖创新人才""提升科学研究水平""传承创新优秀文化""着力推进成果转化"五大建设任务和"加强和改进党对高校的领导""完善内部治理结构""实现关键环节突破""构建社会参与机制""推进国际交流合作"五大改革任务,是我国高等教育史上具有里程碑意义的指导性政策文件。

尤其是在"双一流"建设《实施办法》中,明确将中国特色的世界一流大学和一流学科大学分列,并提出要"以学科为基础",充分显示出一流的学科建设在我国"双一流"建设和高等教育内涵式发展中的重要地位。

我国一流学科建设的部分指导性政策文件见表2-3。

表2-3 我国一流学科建设的部分指导性政策文件

时 间	政策文件	学科建设目标
1995年11月	"211工程"总体建设规划	一部分重点高等学校和一部分重点学科,接近或达到国际同类学校和学科的先进水平
1998年12月	面向21世纪教育振兴行动计划	若干所高校和一批重点学科进入或接近世界一流水平
2002年9月	关于"十五"期间加强"211工程"项目建设的若干意见的通知	加强重点学科建设,加大学科结构调整力度,支持发展新兴和交叉学科,力争使其中部分学科接近或达到世界先进水平,建成布局和结构比较合理的高等教育重点学科体系
2004年6月	关于继续实施"985工程"建设项目的意见	使一批学科达到或接近国际一流学科水平
2010年6月	关于加快推进世界一流大学和高水平大学建设的意见	力争在2020年前后,形成一批达到国际先进水平的学科
2015年10月	统筹推进世界一流大学和一流学科建设总体方案	到2020年,若干所大学和一批学科进入世界一流行列,若干学科进入世界一流学科前列 到2030年,更多的大学和学科进入世界一流行列,若干所大学进入世界一流大学前列,一批学科进入世界一流学科前列,高等教育整体实力显著提升 到本世纪中叶,一流大学和一流学科的数量和实力进入世界前列,基本建成高等教育强国

可以看出,从20世纪80年代初开始的重点学科建设,到"211工程"伊始的

一部分重点学科"接近或达到国际先进水平";从"985 工程"启动时的"一批重点学科进入或接近世界一流水平",到本世纪中叶"一流大学和一流学科的数量和实力进入世界前列",这些学科指导性政策文件为我国一流大学和一流学科建设指明了发展方向和建设路径,是我国建设一流学科的坚实政策保障。

2.一流学科的特征

周光礼指出,当前对一流学科只有一个基本共识:一流学科代表着一流科学研究与一流人才培养,一流科学研究和一流人才培养取决于一支一流的学术团队,建设一流的学术团队有两个前提条件,一是充足而灵活的经费支持,二是有效的组织管理。赵忠升认为,一流学科将培养人作为终极目标、从事探索性工作并具有"立、学、深、厚"的学科,其中"立"是指站得住脚,"学"是指学术或学问,"深"是指学科所做的学术或学问要深刻,"厚"是指一个学科要有厚重的学术积淀,要为社会发展和人类文明进步作出自己的贡献。程莹等认为,学科水平有两个方面的主要标志:一是卓越的人才,即拥有并培养了一批在本学科领域享有很高声誉的学术大师;二是高水平的科学研究,即产出了一批具有创新性的、对学科发展意义重大的科研成果。杨玉良则认为,世界一流学科往往就是围绕着一个重大问题开展学术研究,形成系统化的理论成果,开创新的学科领域。冯用军等认为,世界一流学科是拥有一流学者队伍、一流学生质量、一流科技成果、一流学术声誉、一流社会服务以及一流国际影响的学科聚合。赵沁平认为,世界一流学科应在拥有高水平的团队、前沿的课题等基础上,拥有先进的实验基地、广泛的国际学术交流和良好的学术氛围。

笔者认为,一流学科应具有下述特征。

(1)一流的人才培养

学科是相对独立的知识体系内涵,其基本职能就担负着教学的使命。"学科人"不仅学习知识,同时不断进行知识的创新和传承。他们在领会了本学科知识体系的精髓后,对知识进行梳理、提炼、升华,通过一定的教学方法,将知识予以传授,培养出一代代高素质拔尖人才,从而促进学科长远发展。可以说,没有教学的支撑,学术的发展将难以为继。因此,一流的人才培养质量是一流学科的首要特征。

(2)一流的科学研究

创造知识是学科最原始和最基本的功能,学科的内在发展逻辑要求学科专注于科学研究,通过学习新知识、发现新知识,人类的认知领域不断扩展,科学水平不断提高,学科显示出一流的活力。学科的所有学术活动都是围绕着科学研究这个核心展开的。科学研究的水平取决于学科发展的水平。"学科人"遵从知识内在发展逻辑和外在社会需求进行学术探究,产出一流原创成果、解决重大科学问题。同时,科学研究水平获得社会的认同,"学科人"可以承接更重大的科研项目,进而产出更高水平的研究成果,不断提升学科的创新能力。

（3）一流的社会服务

一流学科一定是服务于社会和地方经济发展乃至为整个人类社会发展作出突出贡献的学科。学科为社会服务的功能可追溯到 19 世纪中期的美国的"威斯康星思想"（Wisconsin Idea）。威斯康星思想明确地把服务社会作为大学的重要职能,提出大学的基本任务是:第一,把学生培养成有知识、能工作的公民;第二,进行科学研究,发展和创造新文化、新知识;第三、传播知识给广大民众,使之能用这些知识解决经济、生产、社会、政治及生活方面的问题。高校与科研机构、企业开展深度合作,通过成果转化、技术转让、技术咨询等,解决经济社会发展中的重大需求和经济社会发展面临的重大问题,将技术和成果逐步转化成产品,推动社会生产力的发展,形成学科的社会服务功能;同时,在更大范围内整合资源,促进学科建设从封闭式向开放式转变,不断拓展新的研究领域,激发学科内生创新活力,使学科始终保持旺盛的生命力,不断巩固和强化学科的优势领先地位。

（4）一流的文化传承与创新

大学的学科文化是学者在一定时期内创造的以知识为本原、以学科为载体的各种语言符号、理论方法、价值标准、伦理规范以及思维与行为方式的总和。A. Kroeber 等认为,学科文化是在学科形成和发展过程中凝聚的一个领域所特有的知识体系、方法、语言符号系统、理念与价值观、思维与行为方式以及伦理规范等的总和。陆根书等人将学科文化理解为,根据不同学科独特的任务,各学科都有一种知识传统（或称思想范畴）和与之相对应的行为准则,各领域都存在新成员要逐步形成的生活方式;在领域内部,他们分享对相关理论、方法论、技术和问题的看法与信念。我国的一流学科不但要对本学科、本民族的文化予以继承和创新,更要向世界输出中国的核心价值观,对整个人类文明发展作出贡献。

（5）一流的学术团队

一流学科无一不拥有杰出的学术领军人物和一流的学术团队,他们是培养一流人才和产出一流成果的主体。20 世纪初,加州理工学院是一所名不见经传的学院,20 世纪 20 年代以后,加州理工学院把工作重点放在建设一流的师资队伍上,制定了各种鼓励研究与创造的奖励制度,面向世界广纳大师来校任教,他们先后从美国传统名牌大学中引进了世界著名物理学家和教育家罗伯特·密立根担任物理学学术带头人,地质学家约翰·布瓦尔德、哈利·伍德、物理学家查尔斯·理奇特、数学家本诺·古敦伯格等领导地质学研究和实验室建设,威廉·本内特·莫罗领导经济学、历史学和文学研究,现代航空航天工程学先驱西奥多·冯·卡门领导航空航天科学及古根海姆航空实验室(喷气推进实验室的前身)的建设和研究,生物学家托马斯·摩尔根负责生物学部的筹建和发展,海尔负责天文学、天体物理学和威尔逊山天文台的建设等,这些大师的加盟迅速提升了该校的学科竞争力,提升了其组建大项目的能力,使加州理工学院在较短时间内成为名牌大学。

除此之外,学科领先的组织管理结构和组织管理制度、高水平的实验设备以及充足的学科经费等都从不同角度反映了学科是否一流。

3. 一流学科的几个相关概念

(1)重点学科

1985 年 5 月颁布的《中共中央关于教育体制改革的决定》中首次提出重点学科的概念,重点学科一般不单独提出,往往特指国家重点学科或省级重点学科。国家重点学科是国家根据发展战略与重大需求,择优确定并重点建设的培养创新人才、开展科学研究的重要基地,代表了学科的水平和实力。重点学科的评选由教育部组织实施,到 2007 年,共组织了三次评选工作,评选出 286 个一级学科国家重点学科、677 个二级学科国家重点学科、217 个国家重点(培育)学科,其中一级学科国家重点学科所覆盖的二级学科均为国家重点学科。一所高校拥有的国家重点学科数目反映了该校的综合实力。

(2)优势学科

高校优势学科是指高校在长期办学过程中形成的、相对其他高校同类学科处于优势地位并得到社会公认和好评的学科。由此可以看出,和重点学科的身份固化不同,优势学科是一个在比较中形成的、可动态变化的概念,既可以和所在高校其他学科相比,又可以和其他高校同类型学科相比。要保持优势学科的地位并不断发展,一方面需要不断加强师资队伍、组织制度、学科文化等建设,另一方面,还要紧密围绕学科前沿,积极拓展新的研究方向。不同高校在巩固优势学科方面做了积极的尝试,其中比较常见的是以优势学科为引领,形成优势学科群,带动相关学科、交叉学科发展,最终实现学科的可持续发展。清华大学为了汇聚学科优势,构建了包括学科领域、学科群、学科三个层次的学科建设体系,将现有的 11 个学科门类整合为工程科学与技术、自然科学、人文社会科学与艺术、生命科学与医学 4 个学科领域,并以 4 个学科领域为基本分类,进一步突出优势学科,融合相关学科的特色与潜力,形成了 20 个相互支撑、协同发展的学科群。上海交通大学在一流大学建设方案中明确提出,面向国家重大战略需求,面向经济社会主战场,面向世界科技发展前沿,以优势学科为主干,以特色学科、新兴学科、需求学科为支撑,重点建设 17 个学科群,促进学科交叉融合,健全学科生态体系。

(3)特色学科

特色学科是显著区别于其他学科,具有独特性或唯一性的学科。一所高校的特色学科可能是重点学科,也可能是优势学科,但其重点学科和优势学科不一定都是特色学科。特色学科在行业特色高水平大学中经常被提到,这类大学因其应新中国经济建设急需、面向国计民生重要领域而建立,它们大都服务于国民经济建设战略性领域,主要涉及农林水利、地质冶金、石油化工、航天航空、电力通信、文化(语言)艺术、财经政法等,如邮电学院、钢铁学院和化工学院等,它们以行业为依托,围绕行业需求,针对行业特点,为特定行业培养高素质专门人才、提供高水平科技服务,其学科布局适应当时计划经济的需要,为国家工业现代化和经济社会发展作出了历史性的贡献,同时,也形成了鲜明的办学特色。因此,特色学科往往具有鲜明的行业背景,学科兴衰和行业发展情况有着强相关性,学科建设需要平衡行业特色和学科特色之间的关系。

(4)一流学科与重点学科、优势学科、特色学科的关系

"双一流"建设方案明确指出,我国要建设"中国特色、世界一流"学科,因此,在遴选和建设过程中准确判断哪些学科有可能成为一流学科至关重要,一所高校的重点学科、优势学科和特色学科都有可能成为一流学科,但由于所处环境和学科特点显著不同,因此在学科基础、人才培养对象、科学研究方向等方面存在较大差异。各高校在学科建设过程中,要对各类型学科和处在不同发展阶段的学科进行充分了解和掌握,基于资源实际和学校及学科战略目标,明确一流学科范围和发展顺序,从而能够精准发力,提出有效的一流学科建设措施,坚持学科的"特色化"属性,避免学科趋同化发展。

2.3 一流学科建设评价

学科建设评价是对特定阶段高校学科建设的过程与结果、所取得的成绩、发展水平和存在问题等进行分析评判的一种价值判断活动。从目前公布的"双一流"大学建设高校可以看出,这只是一份"一流大学"和"一流学科"的遴选名单,重点在于后续的建设过程,能否真正成为"中国特色、世界一流"还需通过学科建

设评价进行最终判断。对政府和社会公众而言,评价结果服务于政府和社会对高校学科的信息需求,能够为政府发展高等教育和制定决策提供一定的参考,为社会了解学科建设提供新的渠道;对高校而言,学科建设评价具有诊断的功能,可以作为一种精良的管理工具,以促进学科建设水平的提高,激发高校内生动力和发展活力。因此,一流学科建设的评价研究对研判学科建设路径的可行性、资源配置的合理性、制度制定的科学性等都起着至关重要的作用。

2.3.1　一流学科建设研究

无论是我国高等教育理论研究,还是"211"工程、"985"工程、"双一流"建设等高等教育重大实践项目,学科建设作为一个常见名词,是我国高等教育发展宏观战略中的重要组成部分。但学科建设是一个极具中国特色的的术语,在国外鲜少作为一个专有名词出现。究其原因,西方建立的是"学术共同体"学科制度,在这一制度下,学科主要是理智层面上的存在,一门学科能否被称为学科,关键是看其认识水平的高低和知识体系是否完备,是否得到了学术共同体的认同;作为国家学科制度下的我国高校学科,不只是理智意义上的认识领域,还是社会建制、资源利益意义上的实体单位。一流学科建设的"中国范式"要围绕学科使命、学科文化、价值定位、整体治理、资源配置、内在结构和运行模式等,建立系统化制度体系,构建政策性资源整合投入的制度架构,以学科体系为政策载体,形成旨在提升学科体系的运行能级、运行质量的政策作用导向及机制。

学科建设是过程,在学科建设的过程中,知识体系的构建始终是学科建设的核心任务,在以知识为核心的理念下,抽象的学科建设成为具象化的提升学科组织在知识生产上的能力,即学科建设就是让围绕某个知识体系建立的学科组织在知识生产上的能力不断增强。

因此,我国高校的一流学科建设不但要基于学科知识体系的角度考虑如何进行人才培养、课程设置、科学研究、社会服务等学科的"产出"建设,还要基于高等教育质量管理理论,深入研究影响学科建设的各个环节,从组织体系的角度考虑学科组织的硬件基础、政策与经费投入、机构设置、组织制度及学科的文化建设等。

学者们围绕学科建设的路径、学科建设的内容、学科建设的功能、学科建设的条件等展开了广泛而深入的研究。王大中指出,学科建设必须瞄准科学发展的前沿,掌握最先进的科学发展动态和趋势,选择和攻克科学技术的制高点,学科建设既要保持一定的稳定性,也要有相当的灵活性,以使传统学科不断更新,各学科之间进行有效的交叉融合。宣勇认为,目前我国学科建设的主要问题包括重点建设学科布局上的结构不够合理,遴选取向上的"择需"不足,缺少顶层设计,学科建设投入上的"见物不见人"等问题。翟亚军等认为,学科建设既是一个理论问题,又是一个实践问题,包括精神层面和物质层面的建设,从理念上看,学科建设是一个连续、长期、创新的过程,既要严格恪守自身的传统和优势,又要打破常规,不断追求创新;从建设模式上来说,要避免学科结构齐一雷同,应充分考虑学校和学科特色,实现个性化发展。张伟认为,对于行业特色型高校而言,要面向行业战略需求,加强优势主干学科建设,同时拓宽学科领域,还要重新构建与行业的契合关系,推进学科建设体制不断创新。袁广林指出,对新建本科高校而言,要打通学科建设和专业建设,不应把它们割裂开来,要关注它们之间的内在联系和共同目标,一方面为建设合格本科高校提供强有力的支持,另一方面为硕士研究生教育打下坚实的基础。

2.3.2 一流学科建设水平评价、成效评价与绩效评价的关系

评价的种类繁多,根据评价的作用性质,可将评价分为形成性评价与总结性评价;根据评价与预定目标的关系,可将评价分为目标本位评价与目标游离评价;根据评价关注的焦点,可将评价分为效果评价与内在评价;根据评价的主体,可将评价分为国家评价、社会评价与自我评价等。一流学科建设评价可分为一流学科建设水平评价、一流学科建设成效评价和一流学科建设绩效评价。

1.一流学科建设水平评价

水平一般指某方面达到的高度,一流学科建设水平评价是指按照一定的标准,对高校学科建设情况进行定量、定性的分析,从而综合判断学科建设水平是否达到"一流"。一流学科建设水平评价是国内外第三方评价机构、媒体和教育行政主管部门广泛运用的一种学科管理手段与方式,以大学学科排名或学科评估等实践性研究居多。

由于各个国家或地区的学科划分标准和分类体系并不一致,因此,学科建设水平评价开始大多都是针对某一国家或地区展开的。美国对博士点的评价始于1924年,由迈阿密大学校长雷蒙德·休斯主持进行,对当时全美能授予博士学位的65所大学中的38所及20个专业进行了调查,并排出顺序,此后于1935年、1957年又进行了两次评价。在这之后,美国高校陆续开展博士点评价,早期的博士点评价以同行评议或学术声誉调查为主。

《美国新闻与世界报道》(以下简称"U.S.News")从1983年开始对美国大学及其院系进行评价,自1985年起每年更新一次,是目前公认的世界上第一个大

学综合性排名,该排名在全球,尤其是在美国具有很高的知名度,2014 年 10 月,U.S.News 首次发布了全球最佳大学排名并同时进行了学科排名。

1986 年,《泰晤士高等教育》(以下简称"THE")的前称——《泰晤士报高等教育副刊》公布了英国高校学科排名,之后又推出了英国大学排名。QS 世界大学学科排名是由英国夸夸雷利·西蒙兹咨询公司发布的全球性大学学科评价体系。从 2011 年起,QS 每年都推出世界大学学科排名。THE 与 QS 在 2004 - 2009 年间合作推出了世界大学排名,即泰晤士高等教育 - QS 世界大学排名,2009 年合作终止后开始各自推出自己的独立排名。

2003 年,上海软科教育信息咨询有限公司(以下简称"软科")推出的"世界大学学术排名(简称'ARWU')"被认为是全球最具影响力和权威性的大学学术排名之一,其中,软科世界一流学科排名是其发布的全球性大学学科排名。

我国教育部学位中心开展的学科评估是对全国具有博士硕士学位授予权的一级学科进行整体水平评价的第三方评估,自 2002 年首次开展至今已完成了四轮。

大学学科排名或学科评估多是按照一流的标准,对高校某学科在人才培养、科学研究、社会服务、学术团队、国际化交流与合作等学科建设"显性"指标进行综合评价的活动,不能够反映学科建设中的组织管理、文化传承与创新等相对"隐性"指标的情况。同时,一流学科建设水平评价描述的是当下学科建设水平的具体情况,也不能够反映学科发展状况或学科发展潜力。

2.一流学科建设成效评价

学科建设成效评价多是从管理角度出发,按照既定的评价目标,对高校某学科建设情况的综合判断,反映的是一定周期内学科建设取得的成绩和效果,即学科建设的"增量"。学科建设成效评价关注的不是当下学科建设的具体情况,而是经过一定周期建设后学科的表现,能够反映学科发展的潜力和趋势,尤其是对建设基础相对较差、资源投入相对较少的学科,在同一建设周期内,学科建设即使取得了很大的进展,水平评价的结果也可能并不突出,但通过建设成效的评价,能够更加真实地反映其建设实际和发展潜力。

钟秉林指出,对"双一流"建设成效进行科学评价是促进"双一流"建设高质量、可持续发展的关键,有利于引导高校优化学科结构,促进高校与学科的内涵建设和质量提升。陈天凯等指出,要瞄准国家、区域、社会需求,正视不同学科之间的实力差距,以建设效果与学科规划的符合度、学科规划主要目标的达成度、学科在第三方评价中的表现度作为评价的重要观测点。陈洪捷认为,一流大学建设成效的评价不应单纯地"数人头",而应关注一流人才培养和高层次人才领衔的学科建设团队绩效产出的增量情况,包括承担国家重大项目的情况、服务国家战略作出突出贡献的情况等;一流学科的评价不仅要考察科研成果、科研项目、学术人员、招生规模、科研经费等方面是否有增量,更应考察科研团队在研究问题的推进、研究层次的提高等方面是否有增量。王战军认为,我国的一流学科建设成效应以提供一流的社会服务和占据学科前沿引领地位为核心特征,要构建以达成度、贡献度、支撑度、影响度、引领度为核心要素的世界一流学科建设成效评价体系,达成度反映了建设成效与建设目标的实现程度,贡献度指对国家经济社会发展及学科发展的贡献程度,支撑度指学科在解决外部国家与社会发展重大问题以及内部学科关键研究问题方面所发挥的对接性支撑作用,影响度指某学科在其所属领域所具有的认可度和话语权,引领度指学科建设思想和理念的前沿性、引导性、指向性水平。

学科建设成效评价的关键在于评价目标的确定,"双一流"建设《总体方案》中明确要求,要"坚持以一流为目标"。因此,一流的学科建设成效评价体系,就是要明确树立"世界一流"和"中国特色"的评价目标,评价指标不仅要包括人才培养质量、师资队伍规模与水平、科学研究水平、社会服务与影响力等学科建设"显性"要素,还应该包括组织管理、组织制度、文化传承创新等学科建设"隐性"指标,通过一定的周期建设,判断各评价要素是否达到了"一流"。

3.一流学科建设绩效评价

绩效评价原指运用数理统计、运筹学原理和特定指标体系,对照统一的标准,按照一定的程序,通过定量、定性对比分析,对项目一定经营期间的经营效益和经营者业绩作出客观、公正和准确的综合评判。学科建设绩效评价强调的是学科建设投入和产出的关系,绩效中的产出是经过一定周期建设后的建设成效。在同样的学科建设投入情况下,产出高则绩效评价好,绩效评价的关键在于确定投入哪些要素和投入多少,才能够获得期望的产出,因此优化学科资源配置是首要任务,最大化成果产出是最终目标。

王洪礼等建立了数据包络分析(Data Envelopment Analysis, DEA)模型,对天津市高校重点学科建设资金投入产出效率进行评价,投入包括资金投入与自身人力投入等,产出包括学科建设水平、人才培养情况等,以利于学科建设资金更为合理地在各个学科分配。陈燕等建立了"投入-产出"二维评价模型,通过"平均绩效点分区法",确定大学学科的绩效分区,为建立科学的教育绩效评价体系提供借鉴。薛玉香等认为,当前学科建设绩效评估普遍存在重业绩、轻效率的问题,建议把学科建设按照绩效分为投入、运行和产出三个系统,设置资源指标、能力指标和效益指标等,对重点学科的前期投入、运行机制和效益产出进行绩效评估。花芳认为,受规模效应以及学科引用差异的影响,传统的科研绩效定量评价指标,如发文量、被引频次、引用率等,在不同团体或不同学科间不具备可比性,因此引入了个体、整体和比较基准的概念,用归一化的评价方法,得出产出指数、影响指数和效率指数等具有可比性的绩效评价指标。林梦泉等认为,在教育资源投入有限和引入竞争机制的背景下,要用"绩效思维"进行高等教育管理,通过对学科建设进行绩效评价,优化资源配置,提高办学效益和自身竞争力。李雯雯通过对第四次学科评估中"985 高校"学科弃评数、撤销数等指标对绩效的影响数据进行检验,探索以学科评估为典型代表的我国公共项目绩效评价的现状和问题,以期对第五轮学科评估给予理论上的政策建议。牛奉高等将现有绩效评价指标体系总结为空间、时间、形式、层次和要素五种结构模式,提出高校绩效评价的效率指标体系,并对山西省的部分本科院校进行了实证研究。Ilaria Stura 等建立了学科的质量机制(AVA 评价),用于提高学科的质量绩效。

4.一流学科建设水平评价、成效评价与绩效评价的关系

综上所述,一流学科建设水平评价指的是当下学科的表现情况,评价指标多为学科建设的"显性"指标;一流学科建设成效评价更多地强调在一定周期建设后的学科表现情况,评价指标既可以包含学科建设的诸多"显性"指标,也可以包含学科建设的若干"隐性"指标;一流学科建设的绩效评价反映了学科的投入和产出的效能,更多关注了学科的产出指标和投入指标。

"双一流"建设与以往历次高校重点建设的最大区别在于,它实施以绩效评价为主、动态开放竞争的调整机制,即资金分配更多考虑办学质量,特别是学科水平、办学特色等因素,重点向办学水平高、特色鲜明的学校倾斜,在公平竞争中体现扶优扶强扶特,但这并不意味着高校也要各自展开自己的学科绩效评价。原因有二:一是对各高校学科建设进行绩效评价,是国家从宏观层面对高校的激励和约束机制,决定了下一阶段对各高校和学科的资源投入,但绩效评价的结果,取决于各建设高校和学科在一个建设周期内的建设成效;二是对各高校自身而言,要准确掌握学科建设的内涵和实质,摸清学科家底,按照"一流"的建设目标,统筹各方资源,合理规划布局,通过一定周期建设后的学科建设成效评价结果,了解学科建设情况,从而补齐短板。

因此,无论是从"双一流"建设的要求还是各高校学科自身发展来看,进行一流学科建设成效评价对于完善学科管理体制,优化学科资源配置,全面提升学科建设质量都有着至关重要的意义。对于一流学科建设成效评价研究,无论是评价指标的选取、评价体系的构建还是评价方法的选择都值得深入探索和研究,这也给本书进行一流学科建设成效评价的研究提供了方向。

2.3.3 一流学科建设评价的实践研究

1.全球性一流学科评价体系的比较研究

当前,具有较高公信力、影响较为广泛的全球性一流学科评价体系主要包括QS世界大学学科排名、THE世界大学学科排名、U.S.News世界大学学科排名、软科世界一流学科排名和ESI学科评价体系。因其评价目的、学科分类、评价指标以及指标权重存在显著不同,有可能导致同一所高校的同一学科在不同排名中位次各异。

严格意义上来说,ESI的指标构成更适合应用于科研评价,但我国往往将一所高校有多少学科进入ESI前1%或前1‰作为该学科是否为世界一流学科的重要指标,不仅如此,在我国学位中心第四轮学科评估工作中,"学术论文质量"项也包含了"扩展版ESI高被引论文",这些学科评价趋势引起了各高校的广泛关注,因此也有必要对ESI评价体系进行详细分析。

(1)学科分类的比较分析

QS世界大学学科排名将学科分为生命科学与医学、自然科学、社会科学与管理、艺术与人文、工程与技术5大门类共48个学科。

THE世界大学学科排名将学科分为工程学、计算机科学、商业与经济学、生命科学、临床与保健、心理学、法学、教育学、自然科学、社会科学、艺术和人文学科等11个门类共35个学科。

U.S.News世界大学学科排名的学科分类来自基本科学指标数据库ESI的分类标准,考虑到各学科学术产出等差异性,U.S.News世界大学学科排名将ESI的22个学科分为艺术与人文(Arts and Humanities)、软科学(Soft Sciences)、硬科学(Hard Sciences)3大学科门类进行评价。2020年,U.S.News新增了肿瘤学、外科、心脏和心血管系统、电气和电子工程、机械工程、土木工程6个学科。学科分类粗略是U.S.News世界大学学科排名较为突出的问题,2020年虽然已增加6个学科,但28个学科总数仍然不能够满足现有的全球高校普遍的学科分类要求。

2019年,软科世界一流学科排名将学科划分为理学、工学、生命科学、医学和社会科学5大门类共计54个学科,是现有知名全球性学科评价体系中学科数目最多、分类最细的。

和其他几大学科排名相比,ESI 涵盖学科最少,仅为 22 个,且学科分类标准不同,有的过细,有的过粗。以工学相关学科为例,仅包括计算机科学、工程科学、材料科学 3 个学科,机械工程、电力电子工程、控制科学与工程等全球高校普遍设置学科均未单列,而是统一归为工程科学;社会科学相关学科仅包括一般社会科学、经济与商学、法学、政治学、教育学、心理学等均未涉及,生命科学相关学科则包括生物与生化、环境/生态学、微生物学、分子生物与遗传学 4 个学科,这对以文科或工科见长的高校不利。同时,ESI 根据期刊属性划分学科,面对学科交叉融合的发展趋势带来的必然是期刊所属学科的界定会越来越困难,虽然 ESI 设置有多学科(或交叉学科),但依然可能会导致统计结果不准确。

(2)评价指标的比较分析

QS 世界大学学科排名包含 4 项一级指标,分别是学术声誉、雇主声誉、论文篇均引用率和 H 指数,无二级指标。其中前两个为定性指标,来源于 QS 对专业学者和雇主的全球调查,用于评估高校在各个领域的国际声誉。后两个指标为定量指标,是根据每篇论文的研究引文和相关学科的 H 指数来评估研究影响,数据来源是爱思唯尔(Elsevier)的 Scopus 数据库。各项指标的说明来源于 QS 网站:

1)学术声誉。全球学者学术声誉调查一直是 QS 世界大学排名中最核心的部分,通过对专业学者的调查而获得某一学科的学术声誉。2020 年,全球有近 95 000 名专业学者参与了此项调查。调查对象需要在自己最为擅长的学科领域(最多 2 个)中列出自己心目中特定领域内表现优秀的国内院校(最多 10 所)和国际院校(最多 30 所),且不得提名自己所在院校。

2)雇主声誉。QS 世界大学学科排名的独创之处在于将学生的就业能力作为评价大学教育质量的关键因素,这一指标的设立对毕业生具有很强的现实指导意义。2020 年,全球有近 45 000 名毕业生雇主参与了此项调查。调查对象要依据其所录用的毕业生质量,列出自己心目中在毕业生招聘方面表现优异的国内院校(最多 10 所)和国际院校(最多 30 所),同时还要指出他们从中招聘人员的学科,两者交叉,可评估某一学科的优秀程度。

3)论文篇均引用率。为了避免因少量高被引而引起异常情况,QS 为每个学科设置了不同的论文数量阈值。引文阈值是在一个研究领域中按照被引用计数的降序排列论文所获得的最小引用次数。论文类型包括期刊论文、会议论文、评议、书籍及书籍出版章节,时间跨度为五年。Scopus 数据库的学术刊物覆盖范围较广泛,且收录了大量的非英文文献(只需有英文摘要)。

4)H 指数。该项指标又称为 H 因子,是由加利福尼亚大学圣迭戈分校的物理学家 Jorge E. Hirsch 提出的。具体来说,一名研究人员的 H 指数是指他至多有 H 篇论文分别被引用了至少 H 次,一个人的 H 指数越高,表明他的论文影响力越大。对于院校而言,H 指数指一所院校至多有 H 篇论文被引用了至少 H 次,这一指标能够较好地反映论文产出的数量和质量。

QS 世界大学学科排名综合考虑了定性指标和定量指标,尤其是将毕业生的就业能力,即雇主声誉作为评价学科教育教学质量的一个重要指标,这向学生和家长择校提供了专业性指导。但无论是学术声誉还是雇主声誉,一个突出的问题就是被调查者往往会依据一所大学的知名度来判断一个学科的知名度,因此久负盛名的高校在这两项调查中具有突出优势。同时,声誉调查在 QS 评价体系中占有很高的比重,部分学者认为,其数据来源的可靠性还值得进一步探讨。在论文篇均被引率和 H 指数两项指标中,虽然都是定量数据,因其都是反映论文质量的指标,因此有重复计算的可能。QS 世界大学学科排名也未能反映学科的国际化程度和除论文之外的其他科研成果。

THE 世界大学学科排名包含 5 项一级指标,分别是教学、科研、论文引用率、产业收入、以及国际化等 13 项二级指标,各项指标的说明来源于 THE 网站:

1)教学。该项指标包括教学声誉调查、师生比、博士与学士学位授予比、师均博士学位授予数、师均学校收入 5 项。教学声誉来源于对多个国家调查问卷进行标准化处理的结果,受调查者的选择充分考虑了地域与学科综合因素;师生比指教师与注册学生的比例;博士与学士学位授予比指学校博士学位授予数量与学士学位授予数量的比例;师均博士学位授予是按学科标准化后的博士生与教师的比例;师均学校收入是学校总收入与教师的比例。

2)科研。该项指标包括科研声誉、师均科研经费投入、论文产出效率。科研声誉的调查形式和教学声誉调查相同;师均科研经费收入是按购买力评价标准化后的师均研究收入,这一指标因受国家政策及经济环境影响而具有一定的争议,但经费投入对于一流科研的发展至关重要,大部分投入受竞争限制且投入数量由同行评审来决定,所以 THE 的专家认为这是一项非常有效的指标;科研产出指师均论文数。

3)论文引用率。论文引用率指论文篇均被引次数。

4)产业收入。该项指标主要关注学校的科技成果转化能力,产业收入指学校教学人员能够从企业获得的人均研究收入,反映了学校吸引企业的能力。

5)国际化。该项指标包括国际学生与国内学生比,国际教师与国内教师比,五年之内发表的论文中至少有一位国际合著者的论文数量。

相较于 QS 世界大学学科排名,THE 选择了学科中若干关键性指标进行综合评价,不仅包括了论文,还涵盖了高校教学、科研、国际化、产业化等多方面内容,能够较为全面地反映某学科的真实情况。产业收入也是 THE 区别与其他各评价体系的一个重要指标,大学作为国家创新体系的重要组成部分,科技成果转化能力已成为全球大学的重要使命。在激烈的市场竞争环境下,它能体现大学服务社会的能力,也反映了企业愿意投资大学科研的程度。在不足方面,有学者指出,THE 世界大学学科排名指标体系本身缺乏严密的内在逻辑性,而且指标每年进行细微调整,虽能适应了形势需要,却使得排名结果缺乏连续性和稳定性,此外,因其同行评议与文献计量分析结果之间不存在重要关联,使得同行评议指标的确立及运用有待进一步商榷。

U.S.News 世界大学学科排名设置包括全球学术声誉、区域学术声誉、论文总数、书籍总数等 10 项一级指标,2020 年,新增高被引论文数、高被引论文占比等 3 项指标。和 QS 学科评价体系相同,也未设立二级指标。其中,对比较有特色的几项指标说明如下,均来源于 U.S.News 网站:

1)全球学术声誉。该项指标反映了该学科最近五年学术声誉调查的结果。

2)区域学术声誉。该项指标反映了该学科最近五年在该地区学术声誉调查的结果,这一指标主要衡量的是学者对其所在地区其他大学学科的看法。

3)书籍总数。书籍是学术研究的重要出版媒介,特别是艺术与人文领域的书籍。

4)会议论文总数。该指标是论文总数的有益补充,尤其是在工程学与计算机科学领域,学术会议是学术交流的重要渠道。

5)被引频次在前 10% 的论文数量和论文占比。该项指标分别指该学科领域论文被引频次位于全球前 10% 的论文数量,该项指标依赖于大学和学科的规模;该学科领域被引频次在前 10% 的论文数量占论文总数的比例,是衡量学科高水平产出的重要指标之一。

6)国际合作论文比。该项指标指该学科国际合作论文数除以该学科所在国家的国际合作论文总数的比例,反映了该学科吸引国际合作者的能力。

U.S.News 世界大学学科排名较为特色的是设置了区域学术声誉指标,该指标需要学者们不但要从全球范围内评价某高校学科声誉,而且要充分考虑其所在地区其他高校该学科的情况。同时,设置不同指标以反映不同学科的实际情况,在艺术与人文领域设置书籍或会议论文指标,在计算机和工程学科设置会议论文指标。

软科世界一流学科排名指标包括论文总数、论文篇均被引次数、国际合作论文比例、顶尖期刊上发表的论文数、教师获得本学科最重要的国际奖项的折合数5项国际可比的定量指标,无二级指标。

2019 年,软科采用"学术卓越调查"得到 26 项权威学术奖项、134 本学科顶尖期刊及计算机科学与工程学科的 17 种顶尖学术会议,作为评价高校学术表现的重要维度。"学术卓越调查"的对象是全球各个学科的顶尖学者,包括世界百强大学的院长、系主任、团队负责人和知名教授等。有别于常见的声誉调查,软科"学术卓越调查"邀请学者推荐提名其非常熟悉的本学科的顶尖刊物和权威奖项等内容。为保证调查的透明度和质量,所有参加调查的学者都需要同意公开姓名和单位,我国多位知名学者也参加了本次问卷调查。

软科世界一流学科排名所有指标均为定量指标,全球可比性强。但其突出问题表现为 5 项评价指标中有 4 项均和本学科发表论文相关,这种纯粹基于数据的量化排名并没有考量学科的实际背景,让部分专家质疑其科学性。同时,作为学科评价体系,未包含人才培养、社会服务等评价指标,评价内容较为单一。

ESI 评价体系包括论文总数、论文总被引频次等 6 项指标,未设立二级指标。ESI 尽管有 6 项评价指标,但仅通过"论文总被引频次"判断某学科是否进入 ESI 前 1%,且不区分是否为第一作者,这可能会导致学科片面追求论文数量的现象发生。因为发表论文数量越多,总被引频次相对就会越高,ESI 排名就会提升,但这样的提升仅能够说明某学科论文的数量优势,不能全面体现论文质量和学术水平。因此,单纯追求 ESI 排名的导向可能会导致评价结果不够准确和全面,还有可能引发高校学科规划制定上的偏差。虽然 ESI 学科分类和排名依据饱受争议,但不可否认的是,提升 ESI 学科排名、入围 ESI 学科排名全球 1% 或前 1‰ 已成为我国很多高校学科建设的重要目标。因此,深入分析 ESI 评价体系,客观看待 ESI 评价结果并合理运用,对我国高校而言意义重大。

(3)指标权重的比较分析

根据学科特性,QS 对每门学科设置了不同的指标权重,例如,在论文发表引用率相对较高的医学领域,论文篇均引用率和 H 指数分别占 25%;在历史等论文发表引用率相对较低的学科领域,这些与研究相关的指标只占总排名分数的 15%;对于艺术和设计等学科,评价指标仅为学术声誉和雇主声誉。具体指标权重可参阅附录 A 中的表 1。

THE 世界大学学科排名充分考虑了学科差异,在不同学科门类下权重均有所不同。例如,艺术与人文学科教学与科研指标权重最高,均为 37.5%,论文引用率权重最低,为 15%;临床、临床前与保健、生命科学、自然科学三个学科门类论文引用率指标权重最高,达到 35%;计算机科学、工程学两类学科相对增加了产业收入的指标权重,增加至 5%。具体指标权重可参阅附录 A 中的表 2。THE 非常重视教学评价,对各学科赋予了最低 27.5% 的权重,艺术与人文学科更是高达 37.5%,充分显示了其对教学的重视程度。

U.S.News 世界大学学科排名根据学科门类特点给予各学科不同的指标权重。考虑到艺术与人文学科的特殊性,专门设立书籍总数指标,同时增大了全球学术声誉、区域学术声誉指标权重;对软科学中的计算机和工程,专门设立会议论文指标,同时降低论文总数指标权重;对硬科学在标准化论文引用影响力和论文总被引数上权重有所增加;在新设立的肿瘤学、外科、心脏和心血管系统学科中,增大了所有和论文相关的指标权重。具体指标权重可见附录 A 中的表 3。但论文权重占比过高是 U.S.News 的突出问题,即使是艺术与人文学科论文的总权重也达到了 45%,除计算机和工程外的其他软科学和硬科学学科均达到 75%,未能全面评价学科在人才培养、社会服务等方面的综合实力。

区别于其他评价体系各指标赋权的方法,软科世界一流学科排名根据学科门类对各指标直接赋分,再根据总分进行位次排序。理学、工学、生命科学、医学四个学科门类的学科,各项指标的分数基本相同。考虑到社会科学论文产出的特点,将其论文总数的分数增加 50%,达到 150 分,而将其论文篇均被引次数和国际合作论文比例的分数各降低 50%,降至 50 分和 10 分。

ESI 评价体系未涉及权重。

(4)评价主体的比较分析

QS 世界大学学科排名的评价指标包含学术声誉和雇主声誉,通过广泛征求专业学者、雇主等学科评价主体的意见,获得对学科的客观评价。THE 世界大学学科排名的评价指标包含教学声誉和科研声誉,U.S.News 世界大学学科排名的评价指标包含全球学术声誉和区域学术声誉,两者均通过广泛调研专业学者的意见获得评价结论。软科世界一流学科排名和 ESI 评价体系均是基于定量数据的评价,未涉及其他评价主体。

总体而言,全球性一流学科评价体系均为第三方对学科的评价,除了部分评价体系关注专业学者对学科的评价意见外,学术领军人物、学术团队成员、学生等学科建设的主体均未能参与评价。

2.区域性一流学科评价体系的比较研究

相较于全球性学科评价体系,区域性学科评价体系更加聚焦本地区学科建设实际,在评价指标的选取、评价结果的呈现、评价主体的构成上更加符合高等教育多样化、特色化发展的趋势。

1982 年,琼斯(Lyle V. Jones)及其同事在美国学术团体理事会、美国教育理事会、社会科学研究理事会等机构的联合支持和资助下,开始了全国性的博士点质量评估(National Research Council,NRC),此次评估包括 200 多所院校的 32 个学科和 2 699 个博士点,调查了 5 000 多名研究生院的教师,其评估报告《美国研究型博士点评估》按学科分为艺术与人文学科卷、生物科学卷、工程卷、物理学与数学卷、社会学和行为科学卷,扩展使用了多种方法评价博士点质量,打破过去纯粹依赖同行评价的做法,同时,淡化排名色彩,博士点排名不分先后,根据所属院校的字母顺序排列。此后,美国于 1993 年和 2007 年开展了两次大规模的博士专业质量评估,2010 年秋又发布了《美国研究型博士点定量评价》报告。本书以 2007 年开展的博士点质量评估为例进行分析。

德国高等教育发展中心(Centrum für Hochschulentwicklung,CHE)是 1994 年由德国大学校长联合会与贝塔斯曼基金会联合成立的一个非官方智囊机构,主要职能包括以下几项:①发挥智囊机构角色,设计德国大学和德国高等教育的发展模式;②参与推动实现大学和教育管理部门的改革计划;③对大学管理人员提供进修和培训服务;④对德国大学进行排名。基于"没有大学能够在各方面表现都好"的理念,CHE 大学排名在世界大学排名中独树一帜,不对大学进行实际排名,它将评比的学科或者学科内单个指标分为绿色的高分组、黄色的中间组和红色的低分组,从质量上来说,每一组的内部元素是相同的。

我国学位中心开展的学科评估是对全国具有博士硕士学位授予权的一级学科进行整体水平的第三方评估,2002 年首次开展至今已完成了四轮,整理后的四轮参评单位和参评学科数见表 2-4。第四轮学科评估紧密围绕学科的人才培养、科学研究和社会服务三大基本职能,构建了定量数据采集、填报与专家定性分析相结合的综合评价体系,采用了"绑定参评"规则,即:同一学科门类满足参评条件的学科须同时申请参评或均不参评(仅有"硕士二级"授权的一级学科除外)。评价结果以"分档"方式呈现,即按"学科整体水平得分"的位次百分位,将前 70% 的学科分 9 档公布:前 2%(或前 2 名)为 A+,2%~5% 为 A(不含2%,下同),5%~10% 为 A-,10%~20% 为 B+,20%~30% 为 B,30%~40%为 B-,40%~50% 为 C+,50%~60% 为 C,60%~70% 为 C-。这样的方式有利于弱化排名,引导高校更多地进行内涵式建设。

表 2-4 四轮学科评估整体情况

轮 次	批 次	评估年度	参评单位数	参评学科数
第一轮	三批	2002—2004	229	1 366
第二轮	两批	2006—2008	331	2 369
第三轮	/	2012	391	4 235
第四轮	/	2016	513	7 449

(1)学科分类的比较分析

NRC 涉及美国 212 所大学 62 个学术领域 5 000 多个专业。

CHE 大学排名将学科分为自然科学、工程技术、人文与社会科学、医学等领域,包括经济学、法律、企业管理、工业工程等 35 个学科。由于资源有限,CHE 大学排名在不同年度上榜的学科是不同的。

我国第四轮学科评估在教育部《学位授予和人才培养学科目录》中 95 个一级学科范围内开展(不含军事学门类等 16 个学科),全国高校具有博士学位授予权的学科有 94% 申请参评,参评学校多,覆盖面广。

(2)评价指标的比较分析

NRC 主要包括学术研究活动、学生资助及成果、学术环境多样性 3 项一级指标以及教师人均出版记录、引用率、教师拥有研究资助的比例、博士 GRE 平均分、获得第一年全额资助学生比例、交叉学科占所有学科比例、来自非亚裔少数族群的教师比例等共 20 项二级指标。因 NRC 以全面提升博士培养质量为目标,因此包含人才培养、科学研究、国际化等相关指标,未涉及学科的社会服务指标。

CHE 大学排名涵盖 9 个维度的多项指标,9 个维度分别为大学及所在城市、学生、产出、国际化、教学、资源、研究、劳动力市场及就业能力、学生和教授的整体评价,每个维度都包含若干二级指标,例如大学(规模、成立时间、类型)及其所在地的原始信息(例如租金)、学生的特点、教学与课程、就业的问题、研究、生活、图书馆资源、基础设施、实验室和其他特殊的设备资源、学生对专业的总体满意度等各个方面。因 CHE 大学排名更多地关注教育质量,因此涵盖和教学相关的各项指标,尤其是资源投入指标,未涉及学科的社会服务指标。

我国第四轮学科评估包括师资队伍与资源、人才培养质量、科学研究水平和社会服务与学科声誉等 4 项一级指标,按照人文、社科、理工、农学、医学、管理、艺术、建筑、体育等 9 个学科门类分设不同的二级指标、三级指标。理学、工学门类(不含统计学学科)评估指标见表 2-5。

表 2-5　第四轮学科评估指标(理学、工学门类,不含统计学学科)

序号	一级指标	二级指标	三级指标
1	师资队伍与资源	师资质量	师资队伍质量
		师资数量	专任教师数(设置上限)
		支撑平台	重点实验室、基地、中心
2	人才培养质量	培养过程质量	课程教学质量
			导师指导质量(试点)
			学生国际交流
		在校生质量	学位论文质量
			优秀在校生
			授予学位数(设置上限)
		毕业生质量	优秀毕业生
			用人单位评价(试点)
3	科学研究水平	科研成果	学术论文质量
			专利专著
			出版教材
		科研获奖	科研获奖
		科研项目	科研项目(含人均情况)
4	社会服务与学科声誉	社会服务贡献	社会服务特色与贡献
		学科声誉	学科声誉

具体指标说明如下:

1)师资队伍与资源。各高校需提供师资队伍的年龄、学历、学缘、职称结构等基本情况,同时需要提供 25 名骨干教师(其中青年教师不少于 10 名)情况(年龄、学科方向、学术头衔、学术兼职等)和团队情况。该项指标充分考虑了师资队伍的结构特征和实际贡献,避免了以往片面的以"帽子"来评价师资队伍整体水平的情况,同时,密切关注了师资队伍的可持续发展能力。

2)人才培养质量。高度重视人才培养工作,引导各高校从"培养过程质量""在校生质量"和"毕业生质量",即人才培养的全过程进行评价。同时,首次在全国范围内大规模开展"学生调查"和"雇主调查",实现高等学校人才培养与社会需求的充分衔接,进一步发挥高校人才培养和社会服务的职能。

3)科学研究水平。一方面将扩展版 ESI 高被引论文列入学术论文质量三级指标,另一方面,要求代表性论文中必须包含一定比例的中文期刊,充分考虑了论文的国际影响力和国内示范效应。同时,由专家参考论文引用、期刊档次等情况对代表性论文的实际水平进行评价,考虑了客观指标和主观判断的统一。

4)社会服务与学科声誉。社会服务采用"代表性案例"指标,要求提供学科在社会服务方面的主要贡献及典型案例,包括但不限于:推动科技成果转化,服务地方经济建设或国防事业;举办重要学术会议,创办学术期刊,引领学术发展;推进科学普及,承担社会公共服务;发挥智库作用,为制定政策法规、发展规划、行业标准提供咨询建议并获得采纳等,由同行专家进行评价。"代表性案例"充分体现了学科对国家、区域经济社会发展作出的贡献,既强调了学科发展目标、服务国家战略,也能够充分反映不同地区、类型的学科特色。

学科评估主要服务于我国研究生教育,因此在人才培养质量方面主要考虑研究生培养质量,未将本科生培养质量情况纳入。同时,虽然参评高校和学科逐次增多,但由于各项指标的国际可比程度较低,因此,仅适用于国内高校学科评估,应用范围具有较大局限性。

(3)指标权重的比较分析

NRC 采用两种不同的方法来获取各项客观指标的权重。一种是基于调查的权重,另一种是基于回归测算的权重。基于调查的权重是被调查者对指标体系中的一级指标、二级指标分别进行评分计算,基于回归测算的权重是被调查者通过问卷对博士点的主观评分、结合客观数据进行回归分析。问卷分为 5 种类型,具体见表 2-6。

表 2-6　NRC 评价问卷设置

序　号	问卷类别	问卷内容	调查对象
1	机构问卷	机构层面开展的活动和博士项目清单	研究机构
2	项目问卷	每个博士项目的生源、师资情况和主要特点,要求提供博士生导师的名单和学生名单	博士项目组或研究机构
3	教师问卷	每个教师的教育工作经历、经费资助情况、科研成果;对于博士项目质量的影响因素的认识;是否愿意提供等级问卷的信息	教师
4	学生问卷	每个学生的教育背景、项目科研经历、项目实践经历以及毕业后的计划	学生
5	教师问卷	提供各自领域的博士项目优劣排序	教师(自愿)

NRC 用每个学科各项指标基于调查的权重和基于回归测算的权重分别与该学科内博士点的对应数据相结合,计算出这些博士点的基于调查的评级和基于回归测算的评级,随后将每个博士点 500 个基于两方面的评级按大小排序,去掉 5％的最高和 5％的最低评级,所得到的中间 90％的评级区域决定了该博士点基于调查的排名区间和基于回归测算的排名区间。

CHE 大学排名不对单个指标赋予权重来计算总分。

我国第四轮学科评估针对 95 个学科设计了 95 套权重,体现了差异化评价的理念。

(4)评价主体的比较分析

在研究设计上,NRC 坚持多元主体参与的理念,关注了对教师、学生、管理者、资助人以及其他学科相关主体都非常重要的维度,建立了丰富的关于大学、博士点、教师及公共资源方面的数据库,用来评估博士点的质量和效力。

CHE 通过广泛征求大学协会、评估专家、教授、毕业生、社会企业、在校生等群体意见,不断对评价指标和评价指标体系进行改进。

我国第四轮学科评估加入了在校生调查和用人单位调查,使得评价的主体更为多元,有利于全面地考察学生的在学质量与毕业后的职业发展质量。

2.3.4 一流学科建设评价的理论研究

学界对一流学科建设评价的理论研究主要围绕着大学学科排名、一流学科建设评价指标、一流学科建设评价体系等展开。

(1)对大学学科排名的理论研究

沈佳君详细介绍了 QS 世界大学学科排名的指标体系和评估方法,并以土木工程学科为例,分析我国各上榜高校指标排名和得分情况,研究结果表明,在 QS 土木工程学科排名中,主观性指标占比高达 70％,我国高校要广泛参与声誉调查,进而提升高校和学科的国际影响力。

王晶金等详细评述了“QS 世界大学学科排名”指标体系和评估方法,考察、分析了中国大学的学科在 QS 排名中的分布和特点,进而借鉴 QS 学科评估以及我国教育部第四轮学科评估体系,提出了包括学术声誉、就业声誉、科研评价、社会影响 4 个一级指标在内的我国“世界一流学科”评价体系框架。

徐蓉等通过比较分析软科、U.S.News,QS,THE 等学科评价体系的特点,研究学科排名相关指标及权重,分析我国高等院校药学学科的世界排名和指标差距并提出了建设路径。

梁木生等人认为,如果以 ESI 学科作为评价学科水平的关键指标,则进入

ESI 前 1% 的学科可视为该学科达到世界先进水平,进入 ESI 前 1‰ 的学科达到世界一流水平,而进入 ESI 前 0.1‰ 的学科则达到世界顶尖水平,在此基础上,重点研究了中国内地及台湾、香港两岸三地高校 ESI 前 1‰ 学科情况,并提出中国内地高校推进"双一流"建设的建议。

姜华等人通过 ESI 数据分析,将学科分为世界影响力学科、世界一流学科、潜在优势学科和临界影响力学科四个层级,并对我国"985"工程高校的一流学科进行了实证研究。

(2)对一流学科建设评价指标的研究

罗燕指出,"双一流"评价要提炼教育教学和科研能力两个关键性综合指标,要将国民素养与劳动经济参与水平作为衡量高校教育教学关键综合性指标,国民素养是指学生对国家历史与文化、政治、经济与社会有充分的理解,并能有效地参与国家治理和国民生活;劳动经济参与水平是指学生进入社会劳动经济体系并能进行有效参与的能力状况;要将学术(理论)流派形成与科研产业转换能力与贡献作为衡量高校科研能力的关键综合性指标。

刘小强等人认为,目前的学科评价只盯着学科生产的投入和产出两头,在本质上是对学科生产投入要素的评价、学科最终产品的评价,或是包含二者的混合式评价,无论哪种形式,都没有关注到学科本身,而一流学科的评价要关注参与学科生产过程、影响产出水平的各种过程性指标和隐形指标(如治理结构、制度、文化等),如统筹学科产品与学科生产的成本投入、可持续性和有效性,以切实提高学科的生产能力。

刘瑞儒等人基于目前国际上影响力较大的学科考核评价指标,采用解释结构模型(Interpretative Structural Modeling Method,ISM)法对评价指标进行矩阵运算,建立了世界一流学科评价指标的多级递阶层级结构模型。

笪可宁等人针对学科水平评价中存在的模糊性和不确定性,引入模糊综合评价思想,他认为,应综合考虑学科水平评价因素,一级指标主要有学术队伍、科学研究、教学与人才培养、工作条件,二级指标包括学术队伍下设的师资力量、师资结构、学术带头人,科学研究下设的科研获奖、学术论文或专著、科研成果转让及经济效益、科研经费,教学与人才培养下设的研究生培养、本科生培养、教学成果,工作条件下设的图书资料和实验设备等。

Usher 和 Savino 将评价指标划分为科研指标、声誉、开始特征指标、输入指标(包括教师和资源)、过程和输出指标;Dill 和 Soo 则将评价指标划分为投入指标、过程指标、产出指标以及声誉 4 种类型。

(3)对一流学科建设评价体系的研究

李燕从学科声誉、学科条件、学科环境和学科产出四个维度构建世界一流理学学科评价体系,并利用层次分析法得到指标权重,从而可进行评价。其中,学科声誉是基于同行专家对学科的评价,多是定性判断;学科条件包括师资队伍、生源质量、资源投入;学科环境则指影响学科发展的外部环境因素,主要有学科生态、文化氛围和国际交流;学科产出包括科研成果、人才培养和社会贡献。

朱明指出,科学的学科评价是一个长期、动态的监测和调控过程,是对输入、过程和输出各环节的全盘掌控并能做到实时分析,进而为管理决策提供可信的支持;要突出对关联学科水平的各环节进行评价,他将学科看作学科树,其中,树生长的客观自然环境条件作为系统的输入端,树形与树貌作为系统的输出端,而对学科树施加的管理和培育则是过程管理环节,其中,输入性维持因素包括客观环境条件和资金、研究、人力、设备等资源投入,过程性管理因素包括学科人、管理人、管理模式、管理方法、学科结构等。

崔育宝从人才培育、科学研究、社会贡献等三方面进行世界一流大学建设评价指标体系研究,并运用线性加权法对 41 所一流大学建设高校进行评价,其中,人才培育包括学生培育和教师培育,科学研究主要指高质量论文发表情况,社会贡献包括国家三大奖和教育部人文社科奖获奖情况。

郑莉认为,必须充分认识到学科组织的质量保障作用,构建学科评价体系时,不能缺少对学科组织运行状态的评价;在评价指标选取上,不仅要涵盖与学术产出水平有关的诸如科研生产力、师资与教学、国际化水平、声誉、毕业生质量、博士生授予数等指标,还要涵盖体现学科与实践结合水平的指标,如学科实践基地数量、学科促进企业生产效益提高百分比等,此外,学科组织模式的灵活性、自主性,学科制度的完备性与规范性以及学科是否有明确的使命和目标等指标也应纳入考核体系中。

黄彬云等人认为,要构建人才培养、师资培育、科研服务和文化传承创新 4 个维度的我国高校"双一流"建设体系。其中,人才培养维度包括学科布局、培养模式、培养质量和教育教学改革和学校社会声誉等;师资培育维度包括师资数量与师资结构、教师学术影响力、教师职业生涯发展、创新团队建设和师资培育投入等;科研服务维度包括科研投入、科研创新产出、国际学术影响力、国际学术合作与交流、服务重大战略需求能力和成果转化机制等;文化传承创新维度包括师资数量与师资结构、教师学术影响力、教师职业生涯发展、创新团队建设和师资培育投入等。

刘瑞儒等人从学科建设指导思想、师资队伍与科研团队、科研成果水平、人才培养、社会服务与文化传承、国际视野、学科建设条件与利用、学科组织和学科声誉 9 个角度构建了具有中国特色的世界一流学科建设中期绩效评估等级考核表,为我国制定一流学科中期建设绩效考核方案提供参考建议。

Wang Cheng 等人从人力资源、财务资源、物质资源、科学研究和人才培养等方面构建学科评价模型。

2.4 "双一流"政策对一流学科建设评价的要求

"双一流"建设《总体方案》强调,要构建完善中国特色的世界一流大学和一流学科评价体系,建立激励约束机制,强化目标管理,充分激发高校内生动力和发展活力。"双一流"建设《实施办法》中更是单列一章"动态管理",进一步明确了如何在中期和期末评价中进行动态调整的实施细则,成为打破原有身份固化、竞争缺失、重复交叉的核心内容。因此,作为实施世界一流学科建设成效评价的指导性文件,深入分析"双一流"建设《总体方案》和《实施办法》是本书构建世界一流学科建设评价体系和进行科学评价的必然要求。

2.4.1 不同建设阶段对一流学科建设评价的要求

(1)遴选阶段

由"双一流"建设专家委员会(以下简称"专家委员会")根据"双一流"建设《总体方案》和《实施办法》,以中国特色学科评价为主要依据,参考国际相关评价因素,综合高校办学条件、学科水平、办学质量、主要贡献以及国际影响力等情况,论证确定"双一流"建设高校认定标准。被列入拟建设名单的高校要根据自身实际,结合学校综合改革方案和专家委员会咨询建议,以五年为一个建设周期,根据五大建设任务和五大改革任务,合理规划建设目标和分阶段建设目标,科学编制建设方案。

可以看出,在这一阶段,专家委员会根据被评学科的综合表现,确定一流学科的遴选标准和一流学科建设名单。因此,一流学科的遴选标准,即一流学科的评价标准,包含了学科建设的各个方面,可以称之为学科表现度评价。在遴选结束后,专家委员会还需要引导进入建设名单的高校根据自身情况合理制定学科建设目标和建设方案,为中期和期末奠定评价基础。

(2)中期评价阶段

2019 年 9 月,各建设高校进行了中期自评,按照"双一流"建设《实施办法》的要求,对学科建设改革的实施情况、建设目标和任务完成情况、学科水平、资金管理使用情况等进行分析,发布自评报告。专家委员会根据建设高校的建设方案和自评报告,参考有影响力的第三方评价,提出中期评价意见,并根据中期评价结果决定后续支持力度,打破了原有身份固化的突出矛盾和问题。尤其是对于出现重大问题、不再具备建设条件且经警示整改仍无改善的高校及建设学科,调整了建设范围,体现了动态调整的核心要义。

在这一阶段,要重点评价学科建设的三方面:一是学科建设实际对照论证通过的建设方案的执行情况,由一流学科所在高校和专家委员会分别进行自评和专家评价,可称之为方案符合度评价;二是学科建设实际对照建设目标的完成情况或达成情况,仍然由一流学科所在高校和专家委员会分别进行自评和专家评价,可称之为目标达成度评价;三是学科建设成效情况,即经过了一定时间,学科建设在人才培养、科学研究、社会服务等建设任务和改革任务方面取得的成效,即学科表现度评价。方案符合度评价反映了"一流学科"建设高校学科建设方案编制的合理性以及学科建设实际与方案制定的符合情况;目标达成度体现了"一流学科"建设高校学科建设实际与学科建设目标的比较,即在一定周期内所在学科的建设水平和改革力度。学科表现度评价则更多体现了学科对标世界一流的表现情况和对所在学科的学术贡献和学术影响。我国的世界一流学科不但要完成自己的既定目标,更要在世界范围内推动所在学科取得长远发展,因此,在这一阶段,方案符合度评价、目标达成度评价和学科表现度评价缺一不可。

(3)期末评价阶段

建设期末评价的方式和中期评价类似,建设高校进行自评后,由专家委员会给出期末评价意见。和中期评价的不同之处在于,专家委员会要根据期末评价结果,重新确定下一轮建设范围,因此,除了根据方案符合度、目标达成度和学科表现度对原有"一流学科"建设高校进行评价和调整外,不排除将新增学科表现突出的高校纳入建设范围,真正实现学科的有进有出、动态调整。因此,学科表现度评价的范围更广,既可以对现有"一流学科"建设高校的学科建设成效进行评价,又可以对目前还未进入"一流学科"建设高校名单的高校学科建设实际进行评价,根据评价结果综合判断、择优支持。学科在不同建设阶段适用的一流学科建设评价类型见表 2-7。

表 2-7　学科在不同建设阶段适用的一流学科建设评价类型

建设阶段	学科范围	评价类型
遴选阶段	所有学科	学科表现度评价
中期评价阶段	建设名单中的学科	方案符合度评价、目标达成度评价、学科表现度评价
期末评价阶段	建设名单中的学科	方案符合度评价、目标达成度评价、学科表现度评价
	有望进入下一轮建设名单的学科	学科表现度评价

2.4.2　方案符合度评价、目标达成度评价与学科表现度评价的关系

由前述可知,方案符合度评价、目标达成度评价的学科范围是已进入"一流学科"建设高校名单中的学科,在"一流学科"中期评价和期末评价中,主要用来进行学科建设自评和专家评价,更多的作用是引导各学科建设高校合理制定学科建设方案,坚持目标导向,追求长远健康的发展。学科表现度评价的学科范围既包括已进入"一流学科"建设名单的各高校相关学科,又包括可能会被下一轮遴选进"一流学科"建设名单的各高校相关学科,其重要作用是引导各学科建设高校坚持卓越理念,追求世界一流。对已列入建设名单中的"一流学科"而言,方案符合度评价、目标达成度评价和学科表现度评价各有侧重、互为补充。方案符合度评价、目标达成度评价侧重于定性评价,由评价专家根据各建设高校一流学科评价自评报告的内容,综合学科表现给出评价结论;学科表现度评价涉及学科建设的各个方面,应采用定性与定量相结合的方式进行评价。

方案符合度及目标达成度高,说明建设学科所在高校"一流学科"建设方案的制定和实施都较为契合学科发展实际;方案符合度及目标达成度低,说明建设学科所在高校"一流学科"建设方案的制定和学科实际可能存在一定的不符,也有可能只是学科建设的某一方面未完全达到预期目标,但另一方面远远超过既定目标。

无论哪种情况,都要着重考虑学科表现度评价,这样才能够更加全面地诊断学科建设实际,从而在下一阶段更加科学地指导各建设学科建设目标的制定和建设方案的实施。基于此,本书试图从学科表现度的视角对一流学科建设成效进行评价研究。

2.5 研 究 评 述

通过梳理和回顾一流学科建设评价相关实践和理论研究,本书将目前一流学科建设评价研究中值得借鉴的方面和存在的不足进行评述,从而进一步明确本书的研究思路。

2.5.1 一流学科建设评价实践研究的评述

从具有代表性的全球性一流学科评价体系和区域性一流学科评价体系的比较研究中可知,除 ESI 评价体系外,其他一流学科评价体系都通过改变指标权重或改变指标本身来强调学科差异,这为本书在构建评价指标体系时对不同学科采用不同指标进行评价提供了依据。

目前具有较大影响力的全球性一流学科评价体系多是针对科研论文、学科声誉以及师资队伍等学科建设指标进行评价的,而科研论文指标占比过高已成为影响学科建设评价结果的突出问题,并不符合我国一流大学建设和一流学科建设中坚持"立德树人"根本任务的建设要求。区域性一流学科评价体系带有强烈的区域特色,因此评价指标往往以区域可比性指标为主,包含人才培养、科学研究、资源投入、国际化等,和全球性一流学科评价体系相比,涵盖指标较多。尤其是我国教育部学位中心开展的第四轮学科评估极具中国特色,评价指标包括学科支撑平台、人才培养质量、科学研究水平、社会服务、学科声誉、师资队伍等学科建设的多个方面,但"学科产出"类指标依然占据多数,没有对学科的组织管理结构和组织管理制度、学科文化传承与创新、学科经费、国家或地方的支持政策等学科建设中的"过程管理"和"学科基础"类指标进行评价。这为本书深入研究学科建设的各个环节,构建科学合理的面向学科表现度的一流学科建设成效评价体系提供了机会。

2.5.2 一流学科建设评价理论研究的评述

(1)对大学学科排名的研究评述

现有对大学学科排名的研究多是简单介绍评价指标的选取、评价体系的构成或各学科排名之间的区别等,对大学学科排名评价指标的分析不够深入,对大学学科排名的局限性研究和适用性研究尚有不足,这样可能会导致各高校对大学学科排名的盲目追从,指标有什么,学科建设就建什么,学科建设短视化的行为会使得学科水平无法真正得到提高。因此,需要对现有大学学科排名的目的、意义、评价指标、评价方式、评价方法等进行深入的比较和研究,找出其应用于我国高校一流学科建设的可取之处,从而引导我国高校更加理性地看待和应用排名结果。

(2)对一流学科建设评价指标的研究评述

从前述对一流学科建设评价指标的研究中可以发现,国内外学者选取的指标虽较为多样,但多是反映学科建设在人才培养、科学研究、社会服务、国际化交流与合作等"学科产出"水平方面的情况,尤其是很多学者将科学研究中的论文指标作为关键性指标进行研究,这对工程应用类学科、人文社会科学类学科的评价结果可能会有失偏颇。在学术团队指标选取方面,大部分研究聚焦于学术领军人物的学术水平和学术团队的年龄结构、学历结构、学缘结构等,但鲜有研究将学术团队的师德师风建设情况纳入评价范围,而师德师风是高校立德树人的最根本、最关键因素,在指标选取中必须要有所考虑。尽管已有研究中探讨了学科组织管理和学科文化对一流学科建设成效潜移默化的影响,但多以描述性研究为主,不够系统深入。虽然有学者已经将学科的硬件基础性指标,例如学科的仪器设备、图书资料、研究基地、实验中心等纳入评价指标中,但并没有研究将其与政府和地方的政策支持、经费投入等指标统筹考虑,分析其对一流学科建设成效的影响。这些问题都有待进一步厘清,才能够为本书构建面向学科差异的一流学科建设成效评价体系奠定基础。

(3)对一流学科建设评价体系的研究评述

从现有对一流学科建设评价体系的研究中可以看出,国内外学者对如何构建一流学科建设成效评价体系的研究较少且相对零散,缺乏系统性研究。虽然有学者已经意识到,仅关注学科产出对一流学科建设成效的评价不够全面,但很少有文献深入剖析学科建设的各个环节对一流学科建设成效的影响,导致现有研究成果存在一定的差异,国内外学者对一流学科建设成效评价体系的构成还未达成统一的认识。尽管有学者已经将学科投入和学科产出一并考虑,探讨其对一流学科建设的影响,但依然缺乏对学科过程管理因素的理论探讨。已构建的评价体系大多应用一些较常用的评价方法,例如层次分析法、加权求和法等对一流学科建设进行评价,在实际评价中,评价专家的意见可能存在不确定性,而现有研究没有运用更加科学的评价方法来反映专家的评价意见。对于这些问题,研究人员应进行细致深入的研究,这为本书进行一流学科建设成效评价提供了思路。

综上,国内外学者对于一流学科建设评价的指标选取虽较为多样,但多关注于学科的产出性指标,对学科基础和过程管理方面的指标关注相对较少;对于一流学科建设成效评价体系的研究还属于起步阶段,不够系统深入;多是运用层次分析法、加权求和法等较为常见的方法对一流学科建设进行评价,未能科学地反映评价专家在评价中可能存在的不确定性意见。由此可以看出,当前针对一流学科建设成效评价这一问题的研究还比较薄弱,很多关键性问题亟待解决。

2.6 本章小结

本章接续第 1 章的研究问题对相关理论与研究进行了梳理和评述:①阐述了本书研究的理论基础,包括教育评价理论和高等教育质量管理理论;②明确了学科、一流学科、一流学科建设的基本概念,梳理了学科的发展历史和一流学科的政策历程,比较了国内外具有较大影响力的一流学科评价体系;③厘清了一流学科建设评价中的若干重要关系,包括一流学科和重点学科、优势学科和特色学科的关系,一流学科建设水平评价、绩效评价和成效评价的关系,方案符合度评价、目标达成度评价和学科表现度评价的关系,等等;④结合现有一流学科建设评价的理论研究和实践研究,对其中值得借鉴的地方和存在的不足进行评述,从而确定了本书将学科表现度作为一流学科建设成效评价的主导逻辑。

第3章　面向学科表现度的一流工学学科建设成效评价体系的初建

在第2章阐述理论基础和相关实践研究、理论研究的基础上,本章对照"双一流"政策中对一流学科建设成效五大建设任务和五大改革任务的要求,结合教育评价理论和高等教育质量管理理论,深入分析影响一流学科建设成效的各个环节,以工学学科为例,选取面向学科表现度的一流学科建设成效的一、二、三级评价指标集,并初步构建评价体系。

3.1　评价体系构建的目标和原则

一流学科建设评价体系的构建是评价中最为核心的部分,它是整个评价目标具体可操作化的行为指南。习近平同志指出,世界上不会有第二个哈佛、牛津、斯坦福、麻省理工、剑桥等大学,但会有第一个北大、清华、浙大、复旦、南大等中国著名学府,因此,我们要认真吸收世界上先进的办学治学经验,更要遵循教育规律,扎根中国大地办大学。因此,在"双一流"的战略背景下,借鉴和吸收其他一流学科评价体系经验的同时,必须探索出一套适合我国现阶段实际的一流学科建设成效评价体系,为使我国高校各学科尽快成为"中国特色、世界一流"贡献力量。

3.1.1　评价体系构建的目标

面向学科表现度的一流学科建设成效评价体系构建的目标在于明确中国特色、世界一流的学科建设成效评价标准,为我国高校学科建设提供较为科学的评价依据,从而引导和促进我国高校明确自身发展路径,早日迈进世界一流学科行列。

3.1.2　评价体系构建的原则

从"双一流"建设要求来看,面向学科表现度的一流学科建设成效评价体系应遵循追求卓越、强调贡献、中外融通、简洁优化等基本原则,要求构建的评价指标必须含义界定清晰、结构层次分明,且全面完整、逻辑性强,除此之外,还应遵循以下 3 条原则。

(1)共性个性兼顾原则

学科发展的历史表明,没有任何一个学科是依照固定的建设模式发展起来的,无一不是在自我探索中实现个性和共性的统一。要尊重学科内在发展逻辑和规律,既要考虑不同评价体系下不同学科间的差别,又要关注同一评价体系下不同学科间的差异,还要注意同一学科不同高校之间的区别。因此,在指标的选择上,既要选择具有代表性的、被广泛接受的国际可比性指标,体现学科作为知识体系的共性特征,又要充分考虑各学科特点和国内高校学科建设的实际,在个性指标和特色化指标上有所甄别和取舍,尽量构建能够针对不同学科具有较大可适性的指标体系。

(2)系统科学原则

学科建设评价既要考虑学科内部各种要素的相互交织和影响,又要考虑学科外部各种要素相互间的作用,要将学科置于大学自身发展的历史场景和时间脉络中,用动态和系统的眼光来加以审视。已有全球性一流学科评价体系或区域性一流学科评价体系较多关注学科产出指标或学科显性指标,如学术论文水平、科研成果、科研获奖、毕业生就业率、社会服务质量、师资队伍等,但这些只是学科建设的具体表现。对面向学科表现度的一流学科建设成效进行科学评价,要从引起学科建设变化的根本出发,深入分析影响学科建设成效的各个环节,在指标的选择上要坚持系统科学原则,全面衡量学科的综合实力。

(3)定量定性结合原则

从前述具有较大影响力的国内外一流学科评价体系的比较研究中可以看出,现有学科评价体系大致可分为两类,即基于定量指标的评价体系和定性定量指标相结合的评价体系。基于定量指标的评价体系以软科的世界一流学科排名为代表,强调各项指标的定量、可测量,这样的学科评价体系过于关注数量,评价标准的单一性容易导致各学科同质化,从而丧失学科特色。以 QS、THE、学位中心第四轮学科评估等为代表的学科评价体系既有定量指标,也有包括声誉调查和专家评价在内的定性指标,尽管定性评价也存在很多问题,如评价方法不够公开透明、权威专家的意见可能导致评价结果存在显著差异等,但定性和定量相结合的评价方式一定是未来评价的发展趋势。在具体评价中,可以由被评价学科提供所有定量数据和客观事实,在此基础上,根据专家的丰富经验进行专业性

评价,同时,采用更加科学的评价方法进行评价,这样才能最大限度避免单纯的
"数篇数"和专家权威性带来的不利影响。

3.2　评价指标的选取

面向学科表现度的一流学科建设成效评价指标的选取是从影响学科建设的
根本出发,在深入研究学科建设各环节的基础上,围绕一流学科的特征进行理论
和实践结合的过程,所选取的指标既要能引导我国高校各学科落实立德树人根
本任务,提升人才培养质量和产出原创性科研成果,对标"世界一流",又要能在
服务国家重大战略需求和社会经济发展中作出突出贡献,彰显"中国特色",实现
国际评价指标和本土评价指标的有机融合。面向学科表现度的一流学科建设成
效评价体系是一个概括而抽象的系统,需要逐级分解,进而深入研究。

3.2.1　一级评价指标的选取

"双一流"建设成效评价是当前我国高等教育质量保障体系结构的重要组成
部分,而"双一流"建设《实施办法》中也明确指出,要"加强学科建设的过程管
理",这与高等教育质量管理中的核心观点高度一致。对高校管理部门而言,使
用高等教育质量管理理论是一种科学、合理的质量保障手段,秉承高等教育质量
管理中全过程管理的思想,要持续提高和改善学科建设过程中各个环节的质量
和水平,促进学科内涵式发展。在深入分析影响学科建设成效的各个环节后,按
照"双一流"建设要求,结合教育评价理论和高等教育质量管理理论,将面向学科
表现度的一流学科建设成效评价体系的总目标分解为学科基础、过程管理和学
科产出 3 项一级指标。

学科基础决定了学科的先天条件,可以从源头发现学科的发展变化情况,从
而更加客观、全面地评价学科间的差距。世界一流学科都有悠久的历史和深厚
的文化传统,有规范、高效的组织管理体系,若将我国高校学科同世界范围内多
数一流大学相同学科进行比较后不难发现,在很多学科基础可比的条件下,我国
高校在学科组织运行模式、组织制度建设、组织文化建设等方面还存在较大差
距。因此,除了加强学科的基础建设外,在学科建设过程中还须进行科学、高效
的过程管理和控制,要充分考虑过程管理对一流学科建设成效的影响。从已有
学科评价的实践来看,尽管包含的评价指标各不相同,但学科产出指标都是获得

最多关注且应用最为广泛的,应纳入评价范畴。

3.2.2　二级评价指标的选取

二级评价指标的来源具体有 3 项:①对现有全球性一流学科评价体系或区域性一流学科评价体系中成熟评价指标的借鉴;②参考一流学科建设评价的相关参考文献;③深入分析"双一流"建设《总体方案》和《实施办法》,紧密围绕建设一流师资队伍、培养拔尖创新人才、提升科学研究水平、传承创新优秀文化、着力推进成果转化的五大建设任务和加强和改进党对高校的领导、完善内部治理结构、实现关键环节突破、构建社会参与机制、推进国际交流合作等五大改革任务,选取科学合理的评价指标。通过以上 3 种途径收集的指标,经过分析、整理获得评价指标集,然后根据指标特点进行初步归类,从而确定二级评价指标。

1.学科基础

学科基础一级指标下设硬件基础、政策与经费支持两项二级评价指标。

(1)硬件基础

学科建设中的各种教学、科研、学术交流等活动都需要相应的硬件基础支撑,包括图书资料、电子文献、实验室(中心、基地)、仪器设备等,它们决定了学科的基础水平。图书资料和电子文献对学科发展具有积极的作用,学术资料的大量、有效获取是学科建设的关键基础。国家级或省部级实验室、中心、基地等不仅是学科发展的空间保障,更是决定学科科学研究水平的重要因素。仪器设备情况在一定程度上代表了学科的水平,同时也决定着科学研究的效率。清华大学用 3 000 万购买了第一台电镜设备,随后国家在冷冻电镜平台的搭建上又为清华大学投入了上亿元,使得施一公教授研究组在"剪接体"的三维结构、RNA剪接的分子结构基础研究中取得重大突破。

(2)政策与经费支持

国家、地方、高校等给予学科的政策和经费支持,都是学科建设不可或缺的必要条件。政策是学科发展的指挥棒,能够有效地引导学科健康发展。政策支持主要包括国家、地方和学科所在高校对建设学科的政策支持。国家支持政策对学校和学科而言影响巨大,众所周知,国家对"985"大学、"211"大学和一般性大学的支持和投入力度不可同日而语。地方性政策主要体现在地方政府对学科的政策、经费、环境发展等方面的支持,国家"双一流"建设方案提出后,各地陆续发布各自的地方"双一流"建设方案,其中,东部沿海地区对区域内大学和学科的投入力度远远高于西部地区,可以说,地方发展环境、产业结构、发展水平等决定了对学科的可能投入力度。所在高校对建设学科的政策支持对学科的影响更为直接,在人事、薪酬、聘岗中是否有政策倾斜,在很大程度上决定了学科是否能够快速发展。建设经费是学科开展教学、科研、学术团队建设、实验室建设等最基本的物质基础,每一项学科建设工作都需要坚实的经费支持。但凡列入重点建设的学科,国家、地方都会有充足、持续的经费投入,促使其快速发展。

2.过程管理

过程管理一级指标下包括学术团队、组织管理以及文化传承与创新 3 项二级指标。人的因素、组织管理因素、文化因素共同反映了学科建设成效的过程管理情况。

（1）学术团队

学术团队包括学术领军人物和学术团队成员,是高校中既从事教学、又承担科研任务的团队。由于学术团队建立在学科组织单元基础上,因此学术团队成员具有相对一致的研究方向,形成了较强的凝聚性和稳定性。教书育人是学术团队成员的首要职责,因此,良好的师德师风应当是全体成员的共同追求。学术领军人物用自己广博的学识和创新能力洞察学科发展前沿,带领学术团队不断追求卓越。学术梯队成员的结构主要包括年龄结构、学位结构、学缘结构等,年龄分布合理、学历层次高、学缘分布广泛等都能够对学科发展起到促进作用。年龄结构大致呈三角形或梯形比较合适,这种结构可以使学科梯队保持旺盛的状态和持续发展的能力;学位结构一般为硕士及以上,尤其是教师,应该以博士为主;学缘应分布广泛,尤其是年轻教师,一般要求有海外学习或工作背景,不同的研究经历使得知识相互碰撞、交叉,避免"近亲繁殖",有利于学科长远发展。此外,学术团队成员参加国际顶尖会议的频次、在国际学术组织任职的情况、在国际期刊担任编委等情况,都能够反映学术团队的国际化程度。学术团队成员的国际化程度越高,越有利于打破学科的高校边界,在世界范围内作为学术共同体一起探索学科前沿,解决全球性科学研究问题,促进学科健康发展。

（2）组织管理

组织管理主要包括组织结构设置、组织管理模式确定、组织管理方法运用以及组织管理人员能力与素质等。高水平大学在办学中都形成了高质量的管理模式,包括清晰的管理目标、合理的管理机构和明确的规章制度,以及高素质的管理人员和现代化的管理方法等。组织结构设置合理是学科组织运转的基础,不同高校学科组织结构的设置都有自己的特点,有传统的学院、系、教研室三级结构,也有瞄准前沿学科或交叉学科形成的实体研究院(所),还有以重大科研项目为牵引的研究机构等,无论哪种组合形式,都要有利于学科内部资源和权力合理分配、协同合作,最大程度地发挥组织结构效用。学科组织通过人员聘用制度、晋升和考核制度、薪酬制度等各类型规章制度的制定和各项管理程序的运行,规范人、财、物的分配和使用,优化各项资源配置,形成学科建设合力,提高组织运行效率。

(3)文化传承与创新

学科文化是指由历代学者在创建该学科的过程中,发现、创造和形成的学科理论体系以及所具有的思想、方法、概念、定律,是学科中所采用的语言符号、价值标准、科学精神或人文精神、文化产品以及工作方法的总和。学科文化内涵非常丰富,体现了该学科领域特定的学术观和方法论,既包括学术传统、价值理念、群体风范等精神层面,也包括学科理论体系、技术专长、论文著作等物质层面,是学科特有的一种知识探求和传承的行为准则,是学科成员在拥有自身学术价值观和学术特质的同时所共有的一种治学精神和内在力量。作为组织形态存在的学科既要深入挖掘社会主义核心价值观、中华传统文化、大学文化、学科文化中蕴含的思想观念、人文精神、道德规范、行为准则,也要结合时代要求不断超越、创新,倡导严谨、求是的科学态度和开拓、进取的创新精神,在浓厚的学术氛围和自由的学术空间中探索前进。

3.学科产出

将人才培养、科学研究和社会服务 3 个二级指标作为反映一流学科建设成效的产出性指标。

(1)人才培养

第四轮学科评估体系从培养过程质量、在校生质量和毕业生质量三方面,全面而客观地衡量人才培养质量。但由于其更加关注研究生培养质量和导师指导水平,因此该指标仅涉及研究生。实际上,社会公众在选择报考某一高校或评价某一高校时,首先关注的常常是这所高校的本科人才培养质量,本科阶段的培养对学生价值观的塑造、学科专业的认同、科学研究兴趣的培养更为重要,因此,应将研究生培养质量和本科生培养质量通盘考虑。教育部在《关于加快建设高水平本科教育全面提高人才培养能力的意见》中明确要求,要优化专业结构,完善课程体系,更新教学内容,改进教学方法。在学生的培养过程质量方面,要综合考虑专业结构、课程体系及教学方法等。

（2）科学研究

科学研究是学术团队实践和提高的过程，围绕科学前沿问题的探索，团队成员可以快速、全面、准确地把握世界科学技术的最新发展；通过参与重大科研任务，团队成员可以系统了解国家重大的科学问题和地方经济社会发展状况，从而能够有针对性地提出解决方案。在探索和实践的过程中，团队成员产出高质量、原创性科研成果，包括但不限于论文、专著、专利、行业标准以及科研获奖等，从而产生了较大的学科影响力。可以说，科研成果的产出只是科学研究一定阶段的产物，不能作为科学研究的追求，而探索科学前沿、解决国家或地区重大科学问题、服务国家或区域重大发展战略才是科学研究的真正意义。尤其是学科发展方向以及科研方向的选择，不仅要致力于重大原始创新、理论创新，提升国家创新能力和国际竞争力，而且要立足于我国国情和社会需求，确定若干重点领域，突破一批重大关键技术，全面提升科技支撑能力。同时，科研的主要产物是创新的知识，失去了知识再生产的科学研究，教学的内容将会走向枯竭，教学也就失去了持续发展的物质基础，同时，科研的过程本身也是层次更高的教学过程；寓教学于科研，学生更易于领略科研的精神，掌握科研的方法，构建本学科的学科素养。要充分尊重学科发展的内在逻辑和规律，密切关注学科发展前沿，围绕学科发展的热点和难点问题进行科学研究，准确判断学科发展的趋势和动向。

（3）社会服务

从广义上来讲，人才培养、科学研究都是为社会服务的，狭义的社会服务则是指大学为社会提供的直接服务。有学者表示，学科建设的根本任务是为经济社会发展服务。"双一流"建设《总体方案》指出，通过深化产教融合，将一流大学和一流学科建设与推动经济社会发展相结合，着力提高高校对产业转型升级的贡献率，使高校成为催化产业技术变革、加速创新驱动的策源地。高校的学科发展与工业化生产紧密结合，学科通过成果转化、技术转让、技术咨询等面向社会开展科技服务，将技术和成果逐步转化成产品，推动了社会生产力的发展。因此，高校要确立"以需求为导向"的一流学科建设指导思想，既要保持学科相对的稳定性，又要具备一定的适应性，可以根据国家和社会发展需求及时调整和改进。坚持开放办学、合作办学的思路，加大校地、校企、校所合作力度，主动融合地方经济社会发展和企事业单位的科技需求，大力拓展产学研合作平台，积极推进科研成果的应用推广，提高多方协同创新能力。同时，积极发挥智库作用，为政府决策提供有效参考。产学研合作不仅能为社会和学科组织带来经济效益，而且能扩大学科影响力、提高学科知名度，这对学术声誉具有至关重要的作用。

4.其他

需要说明的是,这里未将"国际交流与合作"和"学术声誉"设置为单独的二级评价指标,主要原因如下:对"国际交流与合作"来说,在"学术团队"指标中会充分考虑团队成员的学缘结构和国际化水平,在"人才培养"指标中会充分考虑在校生国际交流和学习的情况,在"科学研究"指标中会充分考虑团队成员国内外期刊发表论文情况。这些指标都能够反映学科实际国际交流与合作的水平,因此不再将"国际交流与合作"指标单列。对"学术声誉"来说,在"人才培养"指标中会充分考虑用人单位对毕业生的评价,在"社会服务"指标中会充分考虑学科服务地方经济社会发展、承担社会公共服务等情况,而这些都是学科获得良好学术声誉的基础,因此不再将"学术声誉"指标单列。

综上所述,面向学科表现度的一流学科建设成效评价体系包括学科基础、过程管理、学科产出3个一级指标。其中,学科基础包括硬件基础和政策与经费支持2个二级指标;过程管理包括学术团队、组织管理和文化传承与创新3个二级指标;学科产出包括人才培养、科学研究和社会服务3个二级指标。此外,每个二级指标下又分设若干三级指标。

3.2.3 三级评价指标的选取

由于不同学科的知识属性、研究范式、学科文化和成果形式存在显著差异,用一套标准的学科评价体系涵盖所有学科是非常困难的,在充分尊重学科内在逻辑和学科属性的前提下,现有国内外大学学科排名或评估体系均通过改变评价指标或改变评价指标权重来对不同学科进行评价,为了更加科学地构建评价体系,本书通过选取不同的三级评价指标来对不同学科进行评价,这里仅以工学学科为例进行阐述。

1.学科基础

(1)硬件基础

戴开富通过国家重点实验室数量、教育部重点实验室数量、国家工程研究中心数量、国家工程技术研究中心数量、国家人文社科基地数量等指标评价教学资源中的重点实验室及基地;丁哲学通过仪器设备、实验室等科研基地、图书资料等指标评价学科条件建设;韩锦标通过校园面积、校舍建筑、设施设备、图书资料、办学资金、信息网络等指标评价大学发展物质基础。

硬件基础的三级评价指标借鉴裴旭和卢纪华的研究,结合本书的研究背景和研究目的进行修改和完善,具体见表3-1。

表 3-1　硬件基础的三级评价指标

二级指标	三级指标	来　源
硬件基础	图书资料的拥有量	裴旭、卢纪华
	仪器设备的拥有量	
	省部级及以上实验室、基地、研究中心等的拥有量	
	信息化建设水平	

(2)政策与经费支持

梁传杰通过国家的专项投入、地方政府投入、高校自筹经费投入以及社会捐赠等指标评价学科建设的经费投入;邹晓东通过政府政策、学校政策和经费等指标评价学科建设的政策支持和经费支持。

政策与经费支持的二级评价指标借鉴了邹晓东的研究,结合本书的研究背景和研究目的进行了修改和完善,具体见表3-2。

表 3-2　政策与经费支持的三级评价指标

二级指标	三级指标	来　源
政策与经费支持	国家或上级主管部门支持学科发展的政策	邹晓东
	地方政府支持学科发展的政策	
	学科所在高校支持学科发展的政策	
	国家、地方、所在高校对学科建设投入的经费	

2.过程管理

(1)学术团队

党传升采用生师比、杰出人才(中国科学院和工程院院士、长江学者和国家杰出青年科技基金获得者和国家级教学名师等)、专任教师中高级职称教师比例、专任教师中博士学位教师比例等指标评价学术团队;易开刚等学者通过职称结构、学位结构、高层次人才人数等指标评价学术团队;郑凌莺等通过领军人才、团队结构、兼职导师和教授等指标评价学术队伍。

学术团队的三级评价指标借鉴赵坤和樊晓杰等的研究,并将"双一流"建设《总体方案》中明确要求的学术团队师德师风建设情况列入,同时结合本书研究背景和研究目的进行了修改和完善,具体见表3-3。

表 3 - 3　学术团队的三级评价指标

二级指标	三级指标	来　源
学术团队	学术团队的师德师风建设情况	"双一流"建设《总体方案》
	学术领军人物的学术水平	
	学术领军人物的创新能力	赵坤、樊晓杰等
	学术领军人物对学科发展的前瞻性	
	学术梯队成员年龄结构	
	学术梯队成员学历结构	
	学术梯队成员学缘结构	
	学术团队成员的国际化水平	

（2）组织管理

黄超等通过组织体系、科系架构、薪酬体系、管理模式等指标评价学科的组织管理要素；张卫良通过是否具有以人为本的管理理念、发展战略是否明确、组织结构是否合理、管理制度是否与理念和目标一致、管理队伍是否精干高效、激励机制作用如何、组织的学习、创新能力是否强等指标评价学科的组织力；刘雪莹通过大学对学科的支持（学校的支援与配合）、战略规划与实施（院/系/中心/研究所等机构的发展规划）、人员的发展与管理策略（教师、职工、学生等纵向发展规划）、财政预算管理、人力资源的组织协调、物理资源的分配协调（建筑分配等）、项目的组织运作等指标评价学科内部管理。

组织管理的三级评价指标借鉴张卫良和郑莉的研究，结合本书的研究背景和研究目的进行了修改和完善，具体见表 3 - 4。

表 3 - 4　组织管理的三级评价指标

二级指标	三级指标	来　源
组织管理	学科组织结构的多元化	张卫良、郑莉
	学科组织管理的运行效率	
	学科管理人员的素质和能力较高	
	聘用、晋升、考核等组织管理制度对学科发展的作用	

（3）文化传承与创新

朱明通过学科文化、精神、传统等指标评价学科的精神内涵；李化树通过大学文化力（大学精神和大学传统等）、大学政治力、大学精神力、大学制度力等指标评价大学软实力;梁海彬通过办学精神、治学理念、传统特色、规章制度、校风学风等指标评价一流校园文化。

文化传承与创新的三级评价指标借鉴李化树和刘慧玲的研究,并将"双一流"建设《总体方案》中明确要求的社会主义核心价值观的学习和落实情况列入题项,还结合本书的研究背景和研究目的进行了修改和完善,具体见表 3-5。

表 3-5　文化传承与创新的三级评价指标

二级指标	三级指标	来　源
文化传承与创新	社会主义核心价值观的学习和落实	"双一流"建设《总体方案》;李化树、刘慧玲
	大学历史、文化、精神的传承与创新	
	学科历史、文化、精神的传承与创新	
	学科学术文化氛围的形成	

3.学科产出

(1)人才培养

张晓辉等通过修订专业培养方案、改革人才培养模式、优化课程体系与内容、改进教学方法与手段等完善专业评估体系;张东明等通过生源素质、培养过程、学业成果、人才质量、培养管理、质量保障等指标评价研究生教育质量中的人才培养;王传毅等通过研究生参与科研、研究生在全国性竞赛的获奖数、学位论文质量以及培养成果获奖等指标评价研究生人才培养成果。

人才培养的三级评价指标借鉴学位中心第四轮学科评估的部分指标,结合本书研究背景和研究目的进行修改和完善,具体见表 3-6。其中,课程教学质量在人才培养中非常重要,主要包括老师教的质量、学生学的质量、课堂互动的程度、教学改革情况以及教学研究情况等。

表 3-6　人才培养的三级评价指标

二级指标	三级指标	来　源
人才培养	课程教学质量	第四轮学科评估部分指标
	获得省部级及以上教学成果产出的情况	
	导师对学生的指导质量	
	在校生获得国家级及以上竞赛或荣誉的质量	
	在校生国际交流和学习的频次	
	境外学生来校交流和学习的频次	
	毕业生就业质量	
	用人单位对毕业生的评价	

(2)科学研究

季淑娟等利用文献计量方法从"学术产出(国内论文发表数量、国际论文发表数量、核心期刊论文发表数量、人均发表论文数量、被知名检索工具收录的数量等)""学术影响(被引数量、篇均被引次数、H指数、被引速率、高被引论文数等)""学术创新(公开的专利数量、科技成果数、国内外专利授权数、获得的科技奖励数、科研成果转化数等)""学术交流"四个维度评价高校科学研究水平;Congjun Rao等采用"论文""科研获奖""研究基金"等指标评价科研活力;王文军等采用研究能力(包括高端论文、学术论文、学术著作、研究报告、工具书、数据库、主办连续出版物等)和影响水平(包括当年被引篇次、当年被引率、篇均被引、分层引用、高被引作者数、高影响论文数、被引著作数等)等指标评价学科的学术表现。

科学研究的三级评价指标借鉴学位中心第四轮学科评估的部分指标,同时借鉴张允蚌的研究,结合本书研究背景和研究目的进行了修改和完善,具体见表3-7。

表3-7　科学研究的三级评价指标

二级指标	三级指标	来　源
科学研究	在国内外高水平期刊发表科研论文的情况	第四轮学科评估部分指标、张允蚌
	授权发明专利的数量和转化情况	
	出版学术专著或省部级及以上规划教材的情况	
	参与制定国际/国家/行业标准情况	
	承担国家级重大/重点科学研究项目情况	
	获得省部级及以上科学研究奖的情况	

(3)社会服务

刘路等认为,可以通过设置师生参与社会发展情况(如提供的服务性学习课程、志愿者服务活动、社会实践等)、为社会发展提供咨询服务及技术协助情况、向社会免费开放的设施情况(如图书馆、体育场、会议室等)等指标评价大学直接服务社会的情况;张宝友通过继续教育服务、科研技术服务(校企联合研究中心数量、科普知识宣传度等)和基础设施服务(基础设施利用率、基础设施满意率)等指标评价大学的社会服务。

社会服务的三级评价指标借鉴了学位中心第四轮学科评估的部分指标,同时借鉴了朱允卫等人的研究,结合本书研究背景和研究目的进行修改和完善,具体见表3-8。

表 3-8 社会服务的三级评价指标

二级指标	三级指标	来　源
社会服务	服务地方经济社会发展	第四轮学科评估部分指标、朱允卫等人
	承担社会公共服务	
	推动产学研合作	
	提升学科的社会影响力	

3.3　评价体系的初建

初步构建的面向学科表现度的一流工学学科建设成效评价体系如图 3-1 所示。

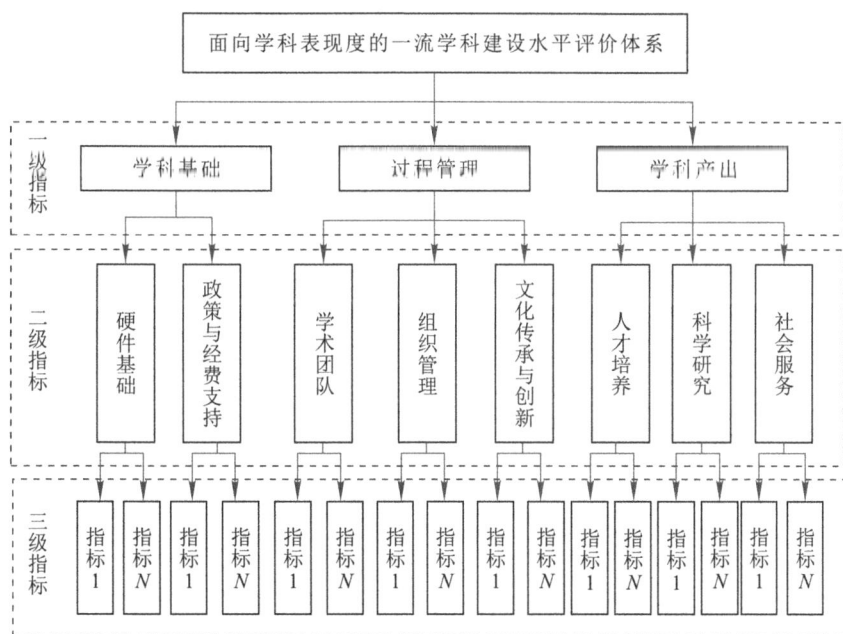

图 3-1　面向学科表现度的一流学科建设成效评价体系

在构建面向学科表现度的一流学科建设成效评价体系的总目标下,共有三级指标,其中,一级指标包括学科基础、过程管理和学科产出 3 项,二级指标包括硬件基础、政策与经费支持、学术团队、组织管理、文化传承与创新、人才培养、科学研究和社会服务 8 项,三级指标包括图书资料的拥有量、仪器设备的拥有量等 42 项。

3.4 本章小结

本章明确了面向学科表现度的一流学科建设成效评价体系构建的原则和目标,以教育评价理论和高等教育质量管理理论为基础,深入研究影响学科建设的各个环节,系统梳理了教育主管部门和权威第三方评价机构发布的评价观测指标,以及已有文献的成熟评价指标,结合本书的研究背景和研究目的进行修改和完善,最终选取了学科基础、过程管理及学科产出 3 项一级指标,硬件基础、政策与经费支持、学术团队、组织管理、文化传承与创新、人才培养、科学研究及社会服务 8 项二级指标,以工学学科为例,选取了图书资料的拥有量、仪器设备的拥有量等 42 项三级指标,并初步构建了评价体系,为下一步研究奠定了基础。

第 4 章　评价指标的科学性验证、权重的确定及评价体系的构建

在第 3 章初步构建了面向学科表现度的一流工学学科建设成效评价体系的基础上,本章重点进行评价指标的科学性验证、权重的确定及评价体系的最终构建。首先,针对第 3 章确定的 42 项三级评价指标制作调查问卷,通过问卷初始设计、学术研讨、专家深度访谈和预调研四个阶段,对评价指标进行筛选和优化,确定最终的三级评价指标为 38 项,并形成正式的调查问卷;其次,运用 SPSS22.0 和 AMOS22.0 统计分析软件对收集到的有效问卷样本进行描述性统计分析、信度检验及效度检验,验证评价指标选取的科学性;再次,运用熵权法对所有评价指标赋权并分析权重结果;最后,构建完成面向学科表现度的一流工学学科建设成效评价体系,为后续研究提供数据支持。

4.1　评价指标的问卷设计

4.1.1　问卷设计过程

合理的问卷设计对验证评价指标选取的准确性和可靠性有着直接的影响,是后续进行分析应用的前提和保障。问卷设计过程分为问卷初始设计、学术研讨、专家深度访谈和预调研 4 个阶段。

(1)问卷初始设计阶段

通过第 3 章收集和梳理教育主管部门和权威第三方评价机构发布的评价观测指标,以及已有文献的成熟评价指标,结合本书研究背景和研究目的进行修改和完善,已初步构建面向学科表现度的一流工学学科建设成效评价体系,据此将三级评价指标作为问卷主体中的题项,制作初始问卷。

(2)学术研讨阶段

为科学、严谨地进行问卷调查,多位教授和博士生组成研究团队展开头脑风暴,对问卷中的题项进行充分的交流和讨论,根据讨论情况对问卷进行修订,形

成问卷第二稿。具体修订情况如下：

1）在二级指标"硬件基础"下，研究团队成员普遍认为，三级指标"图书资料的拥有量"范围过窄，建议修改为"图书资料及电子文献的拥有量"。

2）在二级指标"学术团队"下，研究团队成员普遍认为，三级指标"学术领军人物的学术水平"和"学术领军人物的创新能力"应合并，使得该题项更加简洁，同时三级指标"学术领军人物对学科发展的前瞻性"也和学术领军人物的学术水平、创新能力密切关联，因此建议统一表述为"学术领军人物的学术水平和创新能力"。

以上修改意见在问卷第二稿中均已采纳。

（3）专家深度访谈阶段

通过与部分"一流大学"建设高校学科建设部门、发展规划部门等专家领导进行面对面深入研讨，或直接将问卷第二稿发放给他们填写，听取各位专家给出的建议和意见，对问卷进行修订和调整，使问卷表述更加准确、易于填写，形成问卷第三稿：

1）在二级指标"组织管理"下，专家普遍认为，三级指标"学科管理人员的素质和能力较高"能够使得"学科组织管理的运行效率"提高，因此，这2项三级指标有重复评价之嫌，用"学科组织管理的运行效率"评价即可；

2）在二级指标"人才培养"下，专家普遍认为"导师对学生的指导质量"仅考虑了导师对研究生的指导情况，未考虑教师对本科生的指导情况，建议修订为"导师和任课教师对学生的指导质量"；

3）在二级指标"科学研究"下，专家普遍认为"承担重要横向科学研究项目的情况"对评价一流工学学科建设成效尤为重要，能够为服务国家、区域重大战略或解决国家、领域重大科学问题起到重要的支撑作用，建议增加该项评价指标；

4）在二级指标"社会服务"下，专家普遍认为"提升学科的社会影响力"是一项综合评价指标，可通过人才培养质量、科学研究水平、文化传承与创新及社会服务等多个指标的表现情况来判断，因此，建议去掉。

以上修改意见在问卷第三稿中均已采纳。

（4）预调研阶段

在预调研阶段，本书选取西北工业大学等高校作为研究对象，运用SPSS22.0软件进行探索性因子分析，删除了个别因子载荷较低、影响量表信效度的指标，对问卷再次进行修改完善。具体修订情况如下：

根据探索性因子分析结果，二级指标"文化传承与创新"下的"学科学术文化氛围的形成"因子载荷小于0.5，因此在正式问卷中予以删除。

4.1.2　问卷内容

调查问卷内容主要包括基本信息和调研内容。基本信息包括 7 项,主要目的是了解被调研者所在高校地区、办学层次、学科范围和学科建设的基本情况等,调研内容是问卷的主体部分,通过前述分析,在增加、修订、合并、删除部分题项后,用于正式调查的问卷共包括 38 个题项(见附录 B)。

4.1.3　变量测量

将 8 项二级指标用 8 个变量表示,分别为硬件基础(Hardware Foundation, HF)、政策与经费支持(Policy and Financial Support,PF)、学术团队(Academic Team Building,AT)、组织管理(Organization and Management,OM)、文化传承与创新(Cultural Inheritance and Innovation,CI)、人才培养(Talent Cultivation,TC)、科学研究(Scientific Research,SR)以及社会服务(Socical Service,SS),每个二级指标下的三级指标用该二级指标的变量加数字表示,例如硬件基础下的 4 项三级指标,分别表示为 HF1、HF2、HF3、HF4,下同。

本章所有变量的题项均使用里克特 5 点量表进行测量,被调研者对该指标是否适合评价面向学科表现度的一流大学学科建设成效进行判断,1 表示非常不适合,2 表示不太适合,3 表示一般,4 表示较适合,5 表示非常适合。

4.2　问卷数据的收集

4.2.1　数据收集过程

为收集到真实,有效的数据信息,严格筛选问卷调查对象,大部分调查对象是熟悉高校学科建设的专家学者、管理人员,还包括部分深度参与学科建设的学术领军人物和学术团队成员,他们都是学科建设的主体。同时,为进一步保证学术团队人员对问卷题项内容相对了解,要求副高级及以上职称人员填写。将填写不完整或对学科建设内容不熟悉的问卷全部视为无效问卷。通过现场访谈、电子邮件和网络问卷调查工具等多种方式发放问卷,提高问卷的回收率。

2019 年 9 - 12 月,向陕西、北京、上海、江苏、浙江和宁夏等多个高校的管理人员、教师、专职科研人员和实验技术人员发放问卷 650 份,回收问卷 483 份,问卷回收率为 74.3%,删除部分填写不完整和有明显错误的 57 份之后,有效问卷 426 份,问卷有效率为 88.2%。

4.2.2 样本的描述性统计分析

为更清晰地展示样本的总体情况,对 426 份有效问卷进行样本描述性统计分析。
(1)对被调研对象的描述性统计分析
对被调研对象的描述性统计分析结果见表 4-1。

表 4-1 被调研对象的描述性统计分析

基本信息	分 类	频 数	百分比/(%)
所在行政区域	东北地区	37	8.7
	西北地区	152	35.7
	华北地区	87	20.4
	华中地区	19	4.5
	华东地区	85	20.0
	华南地区	25	5.9
	西南地区	21	4.9
办学层次	"一流大学"建设高校	197	46.2
	"一流学科"建设高校	151	35.4
	其他类型高校	78	18.3
人员分类	管理人员	271	63.6
	教师	95	22.3
	实验技术人员	28	6.6
	专职科研人员	32	7.5
学科范围	理工为主类	294	69.0
	综合类	70	16.4
	师范类	16	3.8
	农林类	25	5.9
	政法类	9	2.1
	医药类	12	2.8

　　可以看出，在样本高校所在的行政区域方面，35.7%分布在西北地区，20.4%分布在华北地区，20.0%分布在华东地区，23.9%分布在其他区域；在办学层次方面，46.2%为"一流大学"建设高校，35.4%为"一流学科"建设高校，18.3%为其他类型高校；在学科范围方面，69.0%以理工为主类高校，31%为综合类、师范类等高校；在调研人员的类型方面，63.6%为管理人员，36.4%为深度参与学科建设的学术领军人物和学术团队成员，其中，22.3%为教师，14.1%为专职科研人员和实验技术人员。

　　调查结果显示，样本高校从所在地、办学层次、学科范围等方面都具有差异性，具有一定的代表性，获得的数据能够满足后续分析研究的要求。

　　(2)对各题项的描述性统计分析

　　本书采用 SPSS22.0 软件对各题项进行描述性统计分析，见表 4－2。

表 4－2　各题项的描述性统计分析

变　　量	题　　项	最小值	最大值	均　　值	标准差
HF	HF1	1	5	3.950	0.976
	HF2	1	5	3.840	1.000
	HF3	1	5	3.725	1.070
	HF4	1	5	3.545	1.219
PF	PF1	1	5	3.675	0.977
	PF2	1	5	3.415	0.979
	PF3	1	5	3.660	0.953
	PF4	1	5	3.570	1.030
AT	AT1	1	5	3.625	0.969
	AT2	1	5	3.780	1.043
	AT3	1	5	3.890	0.831
	AT4	1	5	3.810	0.904
	AT5	1	5	4.010	0.913
	AT6	1	5	4.115	0.881
OM	OM1	1	5	3.555	1.001
	OM2	1	5	3.440	1.021
	OM3	1	5	3.430	1.105
CI	CI1	1	5	3.965	1.053
	CI2	1	5	3.800	0.992
	CI3	1	5	3.755	1.077

变 量	题 项	最小值	最大值	均 值	标准差
TC	TC1	1	5	3.780	1.003
	TC2	1	5	3.725	1.093
	TC3	1	5	3.675	1.002
	TC4	1	5	3.595	1.052
	TC5	1	5	3.785	0.940
	TC6	1	5	3.600	0.930
	TC7	1	5	3.750	0.878
	TC8	1	5	3.520	0.982
SR	SR1	1	5	3.600	0.902
	SR2	1	5	3.435	0.995
	SR3	1	5	3.475	0.961
	SR4	1	5	3.340	1.049
	SR5	1	5	3.620	1.132
	SR6	1	5	3.605	1.138
	SR7	1	5	3.575	1.025
SS	SS1	1	5	3.840	1.109
	SS2	1	5	3.785	1.088
	SS3	1	5	3.495	0.977

研究变量各题项的均值,均大于3,说明受访对象对于所设题项具有较强的认同感;从数据的离散程度上看,变量 HF4 的标准差最大,即受访对象对硬件基础中"信息化建设水平"题项的认识存在较明显的偏差。

4.3 问卷数据的信度和效度检验

4.3.1 信度检验

信度(Reliability)指测量数据的一致性或稳定性程度,一致性主要反映内部题目之间的关系,考察测验的各个题目是否测量了相同的内容或特质;稳定性是指用一种测量工具(如同一份调查问卷)对同一群受试者进行不同时间上的重复测量结果之间的可靠性。信度越高表明量表的一致性和稳定性程度越高。本书利用调查问卷所得数据,分析我国高校一流工学学科建设成效评价指标,需要通过信度分析检验样本数据的一致性和稳定性。

问卷的克朗巴赫系数(Cronbach's a)和项目总体相关系数(Corrected Item-Total Correlation,CITC)是目前应用较多的评价信度的指标。一般情况下 Cronbach's a 系数值在 0 到 1 之间取值,数值越大表明测量的可信度性越高,量表内部一致性较好。Cortina 认为 Cronbach's a 的数值大于 0.7,就说明量表具有较好的内部一致性;Fronell 等则认为只要 Cronbach's a 的数值大于 0.5,就表明信度检验结果是可接受的。如果 Cronbach's a 的值没有达到信度分析的条件,这时就需要根据题项的 CITC 值来判断是否要删除某些题项来提高量表的信度。具体为,如果某个题项的 CITC 值小于 0.5,并且删除该题项后的 Cronbach's a 的值有明显提升,则将该题项删除。

本书利用 SPSS22.0 软件对量表进行信度分析,结果见表 4-3,本书中的硬件基础、政策与经费支持、学术团队、组织管理、文化传承与创新、人才培养、科学研究、社会服务各变量的 Cronbach's a 值均大于 0.8,表明量表内部一致性较高,调查问卷具有良好的信度,所有题项可以保留并进行下一步分析。

表 4-3　量表信度分析

变　量	题　项	CITC 值	删除后的克朗巴赫系数	克朗巴赫系数
HF	HF1	0.744	0.859	0.887
	HF2	0.790	0.842	
	HF3	0.806	0.833	
	HF4	0.693	0.885	
PF	PF1	0.879	0.888	0.927
	PF2	0.806	0.912	
	PF3	0.810	0.911	
	PF4	0.825	0.907	
AT	AT1	0.724	0.918	0.924
	AT2	0.694	0.924	
	AT3	0.867	0.900	
	AT4	0.848	0.901	
	AT5	0.823	0.904	
	AT6	0.764	0.912	

变　量	题　项	CITC 值	删除后的克朗巴赫系数	克朗巴赫系数
OM	OM1	0.826	0.897	0.921
	OM2	0.889	0.846	
	OM3	0.810	0.914	
CI1	CI1	0.719	0.910	0.893
	CI2	0.870	0.783	
	CI3	0.791	0.849	
TC	TC1	0.896	0.954	0.962
	TC2	0.842	0.957	
	TC3	0.886	0.954	
	TC4	0.772	0.961	
	TC5	0.845	0.957	
	TC6	0.857	0.956	
	TC7	0.889	0.955	
	TC8	0.852	0.956	
SR	SR1	0.806	0.943	0.949
	SR2	0.836	0.940	
	SR3	0.829	0.941	
	SR4	0.841	0.940	
	SR5	0.865	0.938	
	SR6	0.776	0.946	
	SR7	0.856	0.938	
SS	SS1	0.771	0.718	0.843
	SS2	0.778	0.711	
	SS3	0.591	0.886	

4.3.2　效度检验

效度(Validity)指测量题目能够真实反映测量目标的程度,即测量的准确性和有效性程度。效度越高,说明观测值越能真实反映所要测量的内容。目前主要采用两种效度检验,即内容效度和结构效度。

内容效度又可称为逻辑效度,指的是样本数据对研究目的的体现程度。内容效度无法通过统计指标直接反映,往往采用专家对题项设计的合理性判断作为评价标准。本书使用的问卷题项来源于教育主管部门和权威第三方评价机构发布的评价观测指标,以及已有文献的成熟评价指标,并经学术讨论、专家深度访谈和预调研等多个步骤进行调整、完善,使题项更适合本书研究情境。因此,可以认为本书的问卷具有良好的内容效度。

结构效度要考虑周延性和排他性,包括区别效度和收敛效度,其中,区别效度满足排他性的要求,收敛效度则满足周延性的要求,在实证研究中,要同时对这两个效度进行检测。

(1)区别效度检验

区别效度即区分效度,是指某测量指标应该使用不同的题项来进行测量,在统计数据上的反映应当有所区别。也就是说,如果两个题项的相关程度过高,则认为这两个题项没有区别,变量间的区别效度欠佳。笔者采用探索性因子分析(Exploratory Factor Analysis,EFA)提取公共因子的方法对调查问卷进行区别效度检验。EFA 是实证检验中一种常用的方法,主要目的是对数据进行降维处理。当研究者无法确定量表的测量题项是否能够代表所要测量的潜在变量时,即可采用对所有变量的测量题项进行因子旋转分析的方式检测。如果某个题项在其对应主成分因子的载荷值上大于 0.5,而在其他因子上小于 0.5,即可认为该题项属于该因子。运用探索性因子分析的方法可以分析量表的潜在结构关系,同时删除不必要的题项,以达到降维的目的。

在进行探索性因子分析前,要先进行 KMO(Kaiser-Meyer-Olkin)和 Bartlett 球形检验,用来检验量表是否可以进行探索性因子分析,检验结果一般应满足 KMO 样本测度值大于 0.7 和 Bartlett 球形检验达到显著水平(Sig.小于 0.05)两个条件。本书利用 SPSS22.0 软件进行探索性因子分析,分析结果见表 4 - 4。

表 4 - 4　KMO 和 Bartlett 球形检验

KMO 样本测度		0.965
Bartlett 球形检验	卡方	8 603.357
	自由度 df	703
	显著性概率 Sig.	0.000

可以看出，KMO 样本测度值为 0.965，满足大于 0.7 的标准，而且 Bartlett 球形检验达到了显著水平（Sig.为 0.000），说明各题项之间有一定的关联，适合进一步的因子分析。

表 4-5 是对本书量表的样本数据采用主成分分析法（因子旋转采用正交旋转）进行分析的结果，可以看出，38 个题项被总结为 8 个因子，且各题项在各因子上的载荷值均能够大于 0.5，即 38 个题项均能够很好地聚合在所属因子上。因此，问卷中的 38 个题项能够较好地提取出具有一定差异的 8 个主成分因子，这 8 个主成分因子分别对应硬件基础、政策与经费支持、学术团队、组织管理、文化传承与创新、人才培养、科学研究以及社会服务。综合以上分析，各变量具有较好的区别效度。

表 4-5　量表探索性因子分析

题　项	因子载荷							
HF1	0.645	0.112	0.274	0.362	0.134	0.297	0.101	0.164
HF2	0.644	0.263	0.200	0.225	0.149	0.366	0.150	0.163
HF3	0.601	0.337	0.232	0.079	0.195	0.456	0.133	0.189
HF4	0.689	0.259	0.145	0.144	0.235	0.166	0.259	0.094
PF1	0.412	0.638	0.183	0.287	0.179	0.283	0.113	0.150
PF2	0.180	0.758	0.231	0.266	0.153	0.210	0.196	0.045
PF3	0.319	0.602	0.250	0.175	0.221	0.205	0.136	0.343
PF4	0.355	0.671	0.221	0.165	0.133	0.172	0.059	0.281
AT1	0.082	0.360	0.555	0.311	0.168	0.204	0.292	0.152
AT2	0.138	0.358	0.630	0.057	0.316	0.114	0.200	0.137
AT3	0.346	0.296	0.665	0.253	0.202	0.180	0.157	0.207
AT4	0.491	0.249	0.595	0.214	0.146	0.222	0.142	0.244
AT5	0.477	0.182	0.554	0.177	0.204	0.300	0.213	0.155
AT6	0.419	0.083	0.539	0.268	0.221	0.288	0.197	0.154
OM1	0.416	0.230	0.292	0.551	0.214	0.221	0.305	0.096
OM2	0.377	0.319	0.233	0.543	0.199	0.181	0.312	0.190
OM3	0.289	0.231	0.265	0.590	0.153	0.094	0.392	0.250
CI1	0.064	0.051	0.239	0.167	0.836	0.149	0.063	0.029

题 项	因子载荷							
CI2	0.195	0.214	0.114	0.148	0.823	0.190	0.184	0.156
CI3	0.219	0.240	0.127	0.205	0.755	0.096	0.241	0.196
TC1	0.339	0.228	0.218	0.262	0.206	0.644	0.215	0.392
TC2	0.286	0.264	0.256	0.294	0.222	0.636	0.198	0.310
TC3	0.279	0.276	0.148	0.260	0.219	0.609	0.231	0.429
TC4	0.217	0.232	0.098	0.184	0.113	0.795	0.143	0.160
TC5	0.224	0.129	0.229	0.186	0.292	0.735	0.234	0.216
TC6	0.352	0.288	0.212	0.177	0.249	0.664	0.227	0.155
TC7	0.331	0.286	0.210	0.265	0.220	0.583	0.252	0.369
TC8	0.410	0.323	0.261	0.168	0.101	0.542	0.182	0.331
SR1	0.135	0.231	0.335	0.304	0.253	0.203	0.620	0.073
SR2	0.244	0.265	0.283	0.233	0.122	0.222	0.660	0.076
SR3	0.193	0.361	0.261	0.305	0.110	0.255	0.576	0.101
SR4	0.254	0.445	0.223	0.185	0.114	0.241	0.590	0.106
SR5	0.228	0.301	0.183	0.169	0.129	0.233	0.690	0.325
SR6	0.186	0.150	0.189	0.150	0.182	0.180	0.728	0.300
SR7	0.105	0.410	0.300	0.203	0.196	0.208	0.644	0.140
SS1	0.283	0.132	0.234	0.201	0.205	0.172	0.159	0.757
SS2	0.208	0.179	0.226	0.218	0.239	0.261	0.108	0.735
SS3	0.383	0.312	0.189	0.135	0.155	0.337	0.130	0.540

（2）收敛效度检验

收敛效度是指同一变量下不同测量题项彼此之间的相关程度，具体可以通过验证性因子分析（Confirmatory Factor Analysis，CFA）进行检验。本书采用 AMOS22.0 软件进行验证性因子分析，测量潜在变量的各题项的标准化因子载荷，然后计算组合信度（Composite Reliability，CR）和平均提取方差值（Average Variance Extracted，AVE），见表 4－6。变量因子载荷表示变量对该题项的依赖程度，数值越大，表示题项对该变量越重要，一般应该大于 0.7。CR 和 AVE 都是用来测量题项内部一致性的，数值越大，表示内部一致性越好，CR 一般应该大于 0.7，AVE 一般应该大于 0.5。

表 4 - 6 量表验证性因子分析

变 量	题 项	非标准化因子载荷	标准差 S.E.	临界比 C.R.	概率 P	标准化因子载荷	组合信度 cr	平均提取方差值 AVE
HF	HF1	1.000	—	—	—	0.799		
	HF2	1.103	0.079	13.952	* * *	0.860	0.888	0.665
	HF3	1.216	0.084	14.528	* * *	0.886		
	HF4	1.148	0.101	11.315	* * *	0.734		
PF	PF1	1.000	—	—	—	0.934		
	PF2	0.908	0.050	18.330	* * *	0.847	0.927	0.762
	PF3	0.890	0.048	18.557	* * *	0.851		
	PF4	0.969	0.051	18.974	* * *	0.858		
AT	AT1	1.000	—	—	—	0.747		
	AT2	1.031	0.099	10.438	* * *	0.716		
	AT3	1.032	0.076	13.549	* * *	0.899	0.925	0.672
	AT4	1.130	0.083	13.649	* * *	0.905		
	AT5	1.097	0.084	13.038	* * *	0.870		
	AT6	0.990	0.082	12.073	* * *	0.814		
OM	OM1	1.000	—	—	—	0.907		
	OM2	1.043	0.048	21.798	* * *	0.928	0.922	0.798
	OM3	1.035	0.059	17.589	* * *	0.850		
CI	CI1	1.000	—	—	—	0.761		
	CI2	1.176	0.083	14.196	* * *	0.949	0.899	0.749
	CI3	1.189	0.088	13.459	* * *	0.884		
TC	TC1	1.000	—	—	—	0.929		
	TC2	1.042	0.049	21.210	* * *	0.888		
	TC3	0.981	0.043	23.015	* * *	0.912	0.962	0.761
	TC4	0.867	0.058	15.039	* * *	0.768		
	TC5	0.848	0.046	18.313	* * *	0.841		
TC	TC6	0.858	0.044	19.413	* * *	0.860		
	TC7	0.857	0.038	22.816	* * *	0.910	0.962	0.761
	TC8	0.916	0.046	19.935	* * *	0.869		

变 量	题 项	非标准化因子载荷	标准差 S.E.	临界比 C.R.	概率 P	标准化因子载荷	组合信度 cr	平均提取方差值 AVE
SR	SR1	1.000	—	—	—	0.834	0.950	0.732
	SR2	1.132	0.074	15.392	***	0.855		
	SR3	1.097	0.071	15.476	***	0.858		
	SR4	1.214	0.077	15.851	***	0.870		
	SR5	1.335	0.082	16.369	***	0.886		
	SR6	1.207	0.088	13.755	***	0.797		
	SR7	1.205	0.074	16.296	***	0.884		
SS	SS1	1.000	—	—	—	0.804	0.843	0.642
	SS2	0.980	0.077	12.652	***	0.803		
	SS3	0.870	0.070	12.466	***	0.794		

由表 4-6 可知,各变量测量题项的标准化因子载荷都大于 0.7,且表现显著($P<0.001$)。各变量的 CR 都大于 0.7,AVE 都大于 0.5,处于标准范围。因此,本书的测量题项对相应变量都有较好的解释程度,变量具有较好的收敛效度。

信度和效度的检验结果表明,数据具有良好的信效性和有效性,验证了面向学科表现度的一流工学学科建设成效评价体系构建的科学性和可靠性。

4.4 评价指标的权重确定

由于本书构建的面向学科表现度的一流工学学科建设成效评价体系涉及的指标较多、结构复杂,各指标对评价结果的影响强度也存在较大差异,因此需要设定各指标的权重。权重实际上量化了各评价指标在总体评价体系中的重要程度,确定各层级指标相对于评价目标的重要性是确保评价精准的关键。

学界对于赋权问题的方法研究主要分为主观赋权法、客观赋权法和组合赋权法三类。主观赋权法是以人们的经验为依据进行主观判断的过程,主要包括层次分析法和德尔菲法等。此类方法简单易行且具有较强的灵活性,已广泛运用于管理、教育等诸多研究领域。缺点是因其主要依赖于专家的判断,所以受人为因素影响较大。客观赋权法与主观赋权法相反,研究者通过一定的数学方法对原始数据之间的关系进行计算分析,从而确定各项指标的权重。由于客观赋权法能够弥补主观赋权法中随意性较大、客观性较差的缺点,因此得到越来越多研究者的认可和使用。客观赋权法主要包括熵权法、主成分分析法、离差及均方差法和多目标规划法等。此类方法的局限性在于对样本数据要求较高,需要足够的数据量才能满足计算需求。组合赋权法则是综合运用主观和客观赋权法,既能够表现学者们对不同属性指标的偏好,又具有较强的客观性。但在实际运用中,由于操作复杂、可行性较差,并没有得到研究者的广泛使用。根据本书研究内容,拟采用熵权法对各级指标进行赋权。

4.4.1 熵权法定义及计算方法

熵权法是一种利用各指标熵值所提供信息量的大小来决定指标权重的方法。熵(Entropie)蕴含着悠久的历史,最早是由德国物理学家克劳修斯(T. Clausius)于1854年提出并应用到热力学中的,我国物理学家胡刚夏教授在1923年根据"热温商"之意首次把"Entropie"译为"熵"。热力学中的热熵是表示分子状态混乱程度的物理量。经过多年的发展,除热力学外,熵理论还被广泛应用于数学、物理、化学和管理等多个学科和领域中。

1948年,美国数学家、控制论及信息论的创始人香农(C.Shannon)首先系统地将熵引入信息论,以其作为信息传输中"不确定性"的度量化。他以概率论和数理统计方法为基础,定义熵为系统信息量的测量量,为信息化理论发展奠定了基础。熵是系统无序程度的度量,熵值与获得信息成反比,熵值越大,系统的不确定性越大,信息熵越小。鉴于信息熵的本质特征和信息传递特征,利用数据样本的不均匀和波动程度来体现指标的关键程度,熵权法可以说是管理科学中确定权重领域方面的一项重要应用。

1.熵权法基本原理

假设一个随机试验 X,具有 n 个可能结果。在信息论中,信息熵是指系统在无序状态下的一种不确定度量,随机事件结果可能出现的概率分布 $P=(P_1, P_2, \cdots, P_n)$ 满足

$$0 \leqslant P_i \leqslant 1(i=1,2,\cdots,n) \text{ 且 } \sum_{i=1}^{n} P_i =1$$

香农用函数

$$H(X)=H(P_1,P_2,\cdots,P_n)=-\sum_{i=1}^{n} P_i \ln P_i \quad (4-1)$$

作为随机试验 X 的不确定性表达。H 称为信息熵。

2.利用熵权法确定权重的步骤

熵权法确定指标权重包括构建判断矩阵、矩阵标准化、计算熵值和确定权重,具体步骤如下:

(1)构建判断矩阵

C 代表评价指标集,m 代表方案数量,n 代表指标数量,有

$$C=\begin{bmatrix} c_{11} & c_{12} & \cdots & c_{1j} & \cdots & c_{1n} \\ c_{21} & c_{22} & \cdots & c_{2j} & \cdots & c_{2n} \\ \vdots & \vdots & & \vdots & \vdots & \vdots \\ c_{i1} & c_{i2} & \cdots & c_{ij} & \cdots & c_{in} \\ \vdots & \vdots & & \vdots & \vdots & \vdots \\ c_{m1} & c_{m2} & \cdots & c_{mj} & \cdots & c_{mn} \end{bmatrix} (i=1,2,\cdots,m;j=1,2,\cdots,n)$$

$$(4-2)$$

(2)矩阵标准化

在评价体系中,由于各指标之间存在量纲的差异,因此,进行熵权法的第一步需要对原始数据进行无量纲化处理,通常可以采用极值标准化的方法。标准化后的矩阵为

$$Z=\begin{bmatrix} z_{11} & z_{12} & \cdots & z_{1j} & \cdots & z_{1n} \\ z_{21} & z_{22} & \cdots & z_{2j} & \cdots & z_{2n} \\ \vdots & \vdots & & \vdots & \vdots & \vdots \\ z_{i1} & z_{i2} & \cdots & z_{ij} & \cdots & z_{in} \\ \vdots & \vdots & & \vdots & \vdots & \vdots \\ z_{m1} & z_{m2} & \cdots & z_{mj} & \cdots & z_{mn} \end{bmatrix} (i-1,2,\cdots,m;j=1,2,\cdots,n)$$

$$(4-3)$$

(3)计算熵值

第 j 个评价指标的熵值用 H_j 表示,有

$$H_j=\frac{\sum_{i=1}^{m} f_{ij}\ln f_{ij}}{\ln m}$$

$$(4-4)$$

$$f_{ij}=\frac{z_{ij}}{\sum_{i=1}^{m} z_{ij}}$$

（4）计算熵权

第 j 个评价指标的熵权用 w_j 表示，有

$$w_j = \frac{1 - H_j}{n - \sum_{j=1}^{n} H_j} \qquad (4-5)$$

$$\sum_{j=1}^{n} w_j = 1 (0 \leqslant w_j \leqslant 1)$$

（5）上层熵权计算

熵具有可加性的特点，可以解决多层指标权重的计算问题。上层指标的权重可由其子层指标熵值 H_{Ai} 相加得到，即 $H_{Ai} = \sum_{i=1}^{l} H_{Aij}$，$l$ 为准则层的指标数量，其指标权重为

$$W_{Ai} = \frac{1 - H_{Ai}}{n - \sum_{i=1}^{l} H_{Ai}} \qquad (4-6)$$

（6）确定评价指标的综合权重

设某子层权重为 W_{Ai}，子层内第 j 个指标权重为 w_j，则其综合权重为

$$W_{Bj} = \frac{W_{Ai} \times w_j}{\sum_{j=1}^{n} W_{Ai} \times w_j} \qquad (4-7)$$

4.4.2　评价指标赋权

1）根据熵权法计算权重的步骤对所有变量包含的题项进行赋权，结果如下：

硬件基础 4 个题项的权重分别为：

$w_{HF1} = 0.1829$，$w_{HF2} = 0.2259$，$w_{HF3} = 0.2771$，$w_{HF4} = 0.3141$；

政策与经费支持 4 个题项的权重分别为：

$w_{PF1} = 0.2480$，$w_{PF2} = 0.2969$，$w_{PF3} = 0.2203$，$w_{PF4} = 0.2348$；

学术团队 6 个题项的权重分别为：

$w_{TC1} = 0.2042$，$w_{TC2} = 0.1628$，$w_{TC3} = 0.1307$，$w_{TC4} = 0.1993$，

$w_{TC5} = 0.1672$，$w_{TC6} = 0.1358$；

组织管理 3 个题项的权重分别为：

$w_{OM1} = 0.2925$，$w_{OM2} = 0.3416$，$w_{OM3} = 0.3659$；

文化传承 3 个题项的权重分别为：

$w_{CI1}=0.273\ 9,w_{CI2}=0.359\ 5,w_{CI3}=0.366\ 5;$

人才培养 8 个题项的权重分别为：

$w_{AT1}=0.129\ 3,w_{AT2}=0.138\ 3,w_{AT3}=0.139\ 7,w_{AT4}=0.136\ 0,$

$w_{AT5}=0.106\ 1,w_{AT6}=0.116\ 8,w_{AT7}=0.086\ 3,w_{AT8}=0.147\ 3;$

科学研究 7 个题项的权重分别为：

$w_{SR1}=0.094\ 1,w_{SR2}=0.141\ 4,w_{SR3}=0.124\ 6,w_{SR4}=0.173\ 0,$

$w_{SR5}=0.181\ 3,w_{SR6}=0.150\ 3,w_{SR7}=0.135\ 2;$

社会服务 3 个题项的权重分别为：

$w_{SS1}=0.290\ 5,w_{SS2}=0.274\ 1,w_{SS3}=0.435\ 4。$

2)根据上述熵权法计算权重的步骤,用题项的熵值对上一层变量进行赋权,二级指标的权重结果如下：

硬件基础:$W_{HF}=0.500\ 2;$

政策与经费支持:$W_{PF}=0.499\ 8;$

学术团队:$W_{AT}=0.556\ 6;$

组织管理:$W_{OM}=0.221\ 2;$

文化传承与创新:$W_{CI}=0.222\ 2;$

人才培养:$W_{TC}=0.467\ 0;$

科学研究:$W_{SR}=0.399\ 6;$

社会服务:$W_{SS}=0.133\ 4。$

3)一级指标权重结果如下:学科基础权重为 0.199 8,过程管理权重为 0.300 3,学科产出权重 0.499 9。

4)根据综合权重的计算方式,可得出二级指标综合权重如下:硬件基础综合权重为 0.099 9,政策与经费支持综合权重为 0.099 9,学术团队综合权重为 0.167 1,组织管理综合权重为 0.066 4,文化传承与创新综合权重为 0.066 7,人才培养综合权重为 0.233 5,科学研究综合权重为 0.199 8,社会服务综合权重为 0.066 7。继续计算,可得到三级指标综合权重。

4.5 评价体系的构建

至此,构建了完整的面向学科表现度的一流工学学科建设成效评价体系,见表 4-7。

表4-7 面向学科表现度的一流工学学科建设成效评价体系

一级指标	二级指标	三级指标
学科基础 (0.199 9)	硬件基础 (0.099 9)	图书资料和电子文献的拥有量(0.018 2)
		仪器设备的拥有量(0.022 6)
		省部级及以上实验室、基地、研究中心等的拥有量(0.027 7)
		信息化建设水平(0.031 4)
	政策与经费支持 (0.099 9)	国家或上级主管部门支持学科发展的政策(0.024 8)
		地方政府支持学科发展的政策(0.029 7)
		学科所在高校支持学科发展的政策(0.022 0)
		国家、地方、所在高校对学科建设投入的经费(0.023 4)
过程管理 (0.300 3)	学术团队 (0.167 1)	学术团队的师德师风建设情况(0.034 1)
		学术领军人物的学术水平和创新能力(0.027 2)
		学术梯队成员年龄结构(0.021 8)
		学术梯队成员学历结构(0.033 3)
		学术梯队成员学缘结构(0.027 9)
		学术团队成员的国际化水平(0.022 7)
	组织管理 (0.066 4)	学科组织结构的多元化(0.019 4)
		学科组织管理的运行效率(0.022 7)
		聘用、晋升、考核等组织管理制度对学科发展的作用(0.024 3)
	文化传承与创新 (0.066 7)	社会主义核心价值观的学习和落实(0.018 3)
		大学历史、文化、精神的传承与创新(0.024 0)
		学科历史、文化、精神的传承与创新(0.024 4)
学科产出 (0.499 9)	人才培养 (0.233 5)	课程教学质量(0.030 2)
		获得省部级及以上教学成果产出的情况(0.032 3)
		导师和任课教师对学生的指导质量(0.032 6)
		在校生获得国家级及以上竞赛或荣誉的质量(0.031 7)
		在校生国际交流和学习的频次(0.024 8)
		境外学生来校交流和学习的频次(0.027 3)
		毕业生就业质量(0.020 2)
		用人单位对毕业生的评价(0.034 4)

续　表

一级指标	二级指标	三级指标
学科产出 (0.499 9)	科学研究 (0.199 8)	在国内外期刊发表科研论文的情况(0.018 8)
		授权发明专利的数量和转化情况(0.028 3)
		出版学术专著或省部级及以上规划教材的情况(0.024 9)
		参与制定国际/国家/行业标准情况(0.034 6)
		承担国家级重大/重点科学研究项目情况(0.036 2)
		承担重要横向科学研究项目情况(0.030 0)
		获得省部级及以上科学研究奖的数量(0.027 0)
	社会服务 (0.066 7)	服务地方经济社会发展情况(0.019 4)
		承担社会公共服务情况(0.018 3)
		推动产学研合作情况(0.029 0)

　　根据综合权重结果可以看出,在面向学科表现度的一流工学学科建设成效评价体系的一级指标中,学科产出权重最高,过程管理次之,学科基础权重最低,表明学科产出的各项指标对一流工学学科建设成效的影响最大。学科产出包括人才培养、科学研究和社会服务 3 个二级指标,其中,人才培养指标权重是所有二级指标中最高的,为 0.233 5,科学研究权重为 0.199 8,排名第二,进一步说明了人才培养和科学研究在一流工学学科建设中的重要性。从学科传递知识、教育教学的角度来说,一流学科要培养一流的人才,更重要的是,落实立德树人是我国建设一流大学和一流学科最核心的任务,我们培养的人才既要具有扎实学识和国际视野,更要具有家国情怀和爱国爱党、扎根人民、奉献国家的精神,因此,人才培养是高校和学科的首要任务。从学科生产知识、学问研究的角度来说,一流学科要产出一流的研究成果;由于学科的发展是其内在逻辑和外部社会共同推动的结果,因此一流学科也一定包含一流的社会服务功能。

　　过程管理的权重为 0.300 3,其重要性排序为第二,这表明对面向学科表现度的一流工学学科建设成效评价体系而言,过程管理的影响不容忽视,它对一流工学学科建设起着相当重要的作用。过程管理包括学术团队、组织管理、文化传承与创新 3 个二级指标,其中,学术团队权重最高,达到了 0.167 1,是关键性评价指标。学术团队由学术领军人物和学术团队成员组成,学术领军人物高瞻远瞩,能够制定学科合理的发展目标,决定着学科的学术声誉、发展方向和学术影响,一支结构合理、学术潜力巨大的学术团队能够从事高水平知识生产,他们承担了人才培养、科学研究、社会服务、文化传承与创新的各项任务,是判断一个学科是否一流的重要指标。对以组织形态存在的学科而言,一流学科建设代表着一流的学科组织管理水平和一流的学科文化,一流的学科组织管理能够合理进行学科资源配置,形成学科建设合力,为学科组织运行效率的提高奠定坚实基础,而文化传承与创新则是一流学科生命力和凝聚力延续和发展的根本保证。

学科基础的权重虽然在一级指标中最低,但它们是学者得以聚集并充分发挥作用的必备条件,包括硬件基础、政策与经费支持两个二级指标,说明学科的硬件基础条件、国家和地区的政策支持、经费支持都能够对一流工学学科建设成效评价的结果产生一定的影响。

4.6　本 章 小 结

本章对第 3 章初步构建的面向学科表现度的一流工学学科建设成效评价体系进行了评价指标的筛选和优化、评价体系的科学性验证和评价指标的赋权,最终确定了评价体系。首先,针对第 3 章确定的 42 项三级评价指标制作调查问卷,通过学术研讨、专家深度访谈和预调研等多个步骤,对评价指标进行增加、修订、合并以及删除后,筛选出 38 项评价指标,并形成最终的调查问卷。其次,利用 SPSS22.0 和 AMOS22.0 软件对正式回收的有效问卷进行了样本描述性统计分析和信度、效度检验。检验结果表明,数据具有良好的一致性和有效性。再次,运用熵权法对所有指标赋权,构建了完整的面向学科表现度的一流工学学科建设成效评价体系。权重结果显示,在一级指标中,学科产出权重最高,过程管理次之,学科基础权重最低,表明过程管理指标和学科基础指标会对评价结果产生较大的影响。在二级指标中,人才培养权重最高,进一步说明了立德树人在一流学科建设中的重要性。

第5章　D数偏好关系矩阵评价模型的构建与实例研究

第4章首先对面向学科表现度的一流工学学科建设成效评价指标进行了筛选和科学性验证,接着,利用熵权法对各级指标赋权,最后,构建完成了面向学科表现度的一流工学学科建设成效评价体系。本章在面向学科表现度的一流工学学科建设成效评价体系中构建D数偏好关系矩阵评价模型,并选取三所高校的材料科学与工程学科进行实例研究。通过对各评价指标设置最优情况下的理想值,并以理想值为基准计算评价对象间的偏好关系来构建D数偏好关系矩阵评价模型,能够保证各评价对象的评价结果的独立性,有效避免特定对象的评价结果随其他对象评价值改变而可能出现变化的情况,从而能够提升一流工学学科建设成效评价的科学性。

5.1　D数偏好关系矩阵理论适用性选择分析

对各高校一流学科建设成效进行评价,确定学科建设实际,涉及大量评价准则和影响因素,是一个典型的多准则决策(Multiple Criteria Decision Making, MCDM)问题。近年来,学者们围绕MCDM问题发现并应用了多种典型的决策方法,例如数据包络分析法、层次分析法、逼近理想解排序法、偏好顺序结构评估法、灰色关联度分析法、选择转换法以及多准则妥协解排序法等等。

在具体的决策实施过程中,对专家评价信息的收集是MCDM的关键环节。专家的评价信息既可能是定量的数值,也可能是定性的判断,并且评价信息中往往还包含大量的不确定信息。针对评价信息的收集问题,学者们提出了诸多解决方案,其中一种常用的手段是两两对比技术。它通过比较成对方案间的重要性关系,构建候选方案间的两两对比矩阵,将传统的对方案绝对数值的计算转化为对不同方案之间相对偏好数值的处理。如果引入模糊数值来度量方案间的相互重要性程度,则构成了模糊偏好关系矩阵。模糊偏好关系矩阵能够很好地实现对方案间重要性关系模糊性的表征与建模,但是它没有考虑到偏好关系本身可能存在的不确定性,例如有多种偏好程度的可能。使用D数理论对模糊偏好关系矩阵进行改进,可以扩大模糊偏好关系的适用范围,对应的矩阵被称为 D 数偏好关系矩阵,简称"D 矩阵"。

5.1.1　D 数理论

(1)D 数的产生

D 数是一种表示和处理不确定信息的新模型,是对 Dempster-Shafer(D-S)证据理论的有效扩展。

D-S 证据理论于 1967 年被提出,是一种通过信息融合和不确定性推理来提高决策准确度的推理方法,通常被用来处理不确定性信息。D-S 证据理论的优势包括:可以解决由随机性或模糊性产生的不确定性问题,无需先验概率和条件概率密度,可以将证据或信任函数合成为新的证据和信任函数等,但在实际使用中,它需假设识别框架为互斥的有限集,这在一定程度上限制了 D-S 证据理论的使用范围。

D 数克服了 D-S 证据理论两个典型的缺陷,包括互斥性假设和完备性约束,也就是说在信息不确定或信息缺失的情况下,D 数可以更好地进行处理,因此在环境影响评价、故障模式与失效分析以及新产品开发等情况下得到越来越多的重视和应用。

(2)D 数的定义

定义 1:设 Ω 是一个有限非空集,它的映射 D 为

$$D:\Omega\to[0,1] \tag{5-1}$$

如果

$$\sum_{B\subseteq\Omega}D(B)\leqslant 1,\quad D(\varnothing)=0 \tag{5-2}$$

则称映射 D 为 D 数,其中,B 是 Ω 的一个子集,$\varnothing$ 是空集。

如果

$$\sum_{B\subseteq\Omega}D(B)=1$$

说明 D 数表示的信息是完整的;

如果

$$\sum_{B\subseteq\Omega}D(B)<1$$

则说明 D 数表示的信息是不完整的。

设离散集 $\Omega=\{b_1,b_2,\cdots,b_n\}$,D 数的特殊表达式为

$$D(\{b_1\})=v_1$$

$$D(\{b_2\})=v_2$$
$$\vdots$$
$$D(\{b_i\})=v_i$$
$$\vdots$$
$$D(\{b_n\})=v_n$$

可以简单表示为

$$D=\{(b_1,v_1),(b_2,v_2),\cdots,(b_i,v_i),\cdots,(b_n,v_n)\} \tag{5-3}$$

或

$$\boldsymbol{D}=\begin{bmatrix} b_1 & v_1 \\ b_2 & v_2 \\ \vdots & \vdots \\ b_i & v_i \\ \vdots & \vdots \\ b_n & v_n \end{bmatrix} \tag{5-4}$$

式中，$v_i>0$ 且 $\sum_{i=1}^{n} v_i \leqslant 1$。

示例 1：假设专家需要对一个项目进行评价，评价分值用区间 $[0,100]$ 表示。在 D 数的定义下，专家可以给出以下评价：

$$D(\{b_1\})=0.3$$
$$D(\{b_3\})=0.1$$
$$D(\{b_1,b_2,b_3\})=0.4$$

专家给出分值分别为 $b_1=[0,25]$，$b_2=[35,65]$，$b_3=[30,100]$。

由于 $D(\{b_1\})+D(\{b_3\})+D(\{b_1,b_2,b_3\})=0.8$，说明该 D 数的信息是不完整的。

更重要的是，集合 $\{b_1,b_2,b_3\}$ 中的元素在 D 数中并不互斥。

定义 2：设两个 D 数分别表示为 D_1 和 D_2，则有

$$D_1=\{(b_1,v_1),\cdots(b_i,v_i),\cdots,(b_n,v_n)\}$$
$$D_2=\{(b_n,v_n),\cdots(b_i,v_i),\cdots,(b_1,v_1)\}$$

说明 $D_1 \Leftrightarrow D_2$。

示例 2：假设有两个 D 数，式中

$$D_1=\{(0,0.8),(1,0.2)\}$$
$$D_2=\{(1,0.2),(0,0.8)\}$$

则 $D_1 \Leftrightarrow D_2$。

定义 3：设存在 D 数

$$D = \{(b_1, v_1), (b_2, v_2), \cdots (b_i, v_i), \cdots, (b_n, v_n)\}$$

则其集成可表示为

$$I(D) = \sum_{i=1}^{n} b_i v_i \qquad (5-5)$$

式中,$b_i \in R, v_i > 0$ 且 $\sum_{i=1}^{n} v_i \leqslant 1$

可将 D 数的集成称为 I 值。

示例 3: 假设

$$D = \{(1, 0.3), (2, 0.1), (3, 0.2), (4, 0.3), (5, 0.1)\}$$

则

$$I(D) = 1 \times 0.3 + 2 \times 0.1 + 3 \times 0.2 + 4 \times 0.3 + 5 \times 0.1 = 2.8$$

5.1.2　D 数偏好关系矩阵理论

(1)模糊偏好关系矩阵

在进行两两比较的评价并构造决策矩阵时,常使用模糊偏好关系的方法,其中,模糊偏好关系可以用符号">"表示,具体为:

设存在评估样本 C 集为 $\{C_1, C_2, \cdots, C_n\}$,其模糊偏好关系为

$$\mu_R : C \times C \rightarrow [0, 1] \qquad (5-6)$$

用矩阵表示为

$$\boldsymbol{R} = [r_{ij}]_{n \times n}$$

$$\boldsymbol{R} = \begin{bmatrix} r_{11} & r_{12} & \cdots & r_{1n} \\ r_{21} & r_{22} & \cdots & r_{2n} \\ \vdots & \vdots & & \vdots \\ r_{i1} & r_{i2} & \cdots & r_{in} \\ \vdots & \vdots & & \vdots \\ r_{n1} & r_{n2} & \cdots & r_{nn} \end{bmatrix} \qquad (5-7)$$

式中,r_{ij} 表示专家认为的 C_i 相对于 C_j 重要性的偏好程度,则有

$$r_{ij} \geqslant 0$$

$$r_{ij} + r_{ji} = 1, \forall i, j \in \{1, 2, \cdots, n\}$$

$$r_{ii} = 0.5, \forall i \in \{1, 2, \cdots, n\}$$

r_{ij} 的取值范围及涵义如下:

1)如果 $r_{ij} = 0$,则 C_j 明显比 C_i 重要;

2)如果 $0 < r_{ij} < 0.5$,则 C_j 在某种程度上比 C_i 重要;

3）如果 $r_{ij}=0.5$，则 C_j 和 C_i 同等重要；

4）如果 $0.5<r_{ij}<1$，则 C_i 在某种程度上比 C_j 重要；

5）如果 $r_{ij}=1$，则 C_i 明显比 C_j 重要。

可以看出，模糊偏好关系量化了 C_i 相对于 C_j 的重要性，但在专家给出的评价信息存在缺失或存在不确定性的情况下，模糊偏好矩阵无法构建，这就使得模糊偏好关系的使用受到了一定限制[268]。

示例 4：根据文献给出的假设[269]，10 名专家对两个项目 S_1、S_2 进行评价，存在以下两种评价结果：

1）7 名专家认为 S_1 比 S_2 重要，且 S_1 比 S_2 重要的程度为 0.7，其余 3 名专家也认为 S_1 比 S_2 重要，但重要程度为 0.6；

2）6 名专家认为 S_1 比 S_2 重要，且 S_1 比 S_2 重要的程度为 0.7，但其余 4 名专家认为 S_1 和 S_2 在某种程度上无法比较，因此没有给出评价意见。

上述两种情况均无法通过模糊偏好关系进行表示。

（2）D 数偏好关系矩阵

设存在评估样本 C 集为 $\{C_1,C_2,\cdots,C_n\}$，其 D 数偏好关系为

$$\mathbf{R}_D : C \times C \rightarrow D \tag{5-8}$$

用矩阵表示为

$$\mathbf{R}_D = [D_{ij}]_{n \times n}$$

$$\mathbf{R}_D = \begin{bmatrix} D_{11} & D_{12} & \cdots & D_{1n} \\ D_{21} & D_{22} & \cdots & D_{2n} \\ \vdots & \vdots & & \vdots \\ D_{i1} & D_{i2} & \cdots & D_{in} \\ \vdots & \vdots & & \vdots \\ D_{n1} & D_{n2} & \cdots & D_{nn} \end{bmatrix} \tag{5-9}$$

式中

1）$D_{ij} = \{(b_1^{ij},v_1^{ij}),(b_2^{ij},v_2^{ij}),\cdots,(b_m^{ij},v_m^{ij})\}$。

$D_{ji} = \{(1-b_1^{ij},v_1^{ij}),(1-b_2^{ij},v_2^{ij}),\cdots,(1-b_m^{ij},v_m^{ij})\}$，$\forall i,j \in \{1,2,\cdots,n\}$。

2）$b_k^{ij} \in [0,1]$，$\forall k \in \{1,2,\cdots,m\}$。

3）$D_{ij} = \{(0.5,1)\}$，$\forall i \in \{1,2,\cdots,n\}$。

b_k^{ij} 表示第 k 位专家认为第 i 个方案相对于第 j 个方案的重要程度，v_k^{ij} 表示该专家对该重要程度的认可度，可以看出，应用 D 数偏好关系可以较好地反映专家意见和两两比较的真实情况。

示例 5：根据 D 数偏好关系，示例 4 中无法表示的两种情况可分别表示为

$$\boldsymbol{R}_{D1} = \begin{bmatrix} \{(0.5,1.0)\} & \{(0.7,0.7),(0.6,0.3)\} \\ \{(0.3,0.7),(0.4,0.3)\} & \{(0.5,1.0)\} \end{bmatrix}$$

$$\boldsymbol{R}_{D2} = \begin{bmatrix} \{(0.5,1.0)\} & \{(0.7,0.6)\} \\ \{(0.3,0.6)\} & \{(0.5,1.0)\} \end{bmatrix}$$

可见,D 数偏好关系矩阵能够将评价专家意见的不确定性和不完整性清晰地反映,从而使得评价结果更为客观。

(3)D 数偏好关系矩阵的构建与求解[270]

1)参评专家对评价对象进行两两比较并用偏好关系的形式来表示,构建 D 数偏好关系矩阵$\boldsymbol{R}_D$;

2)将 D 数偏好关系矩阵$\boldsymbol{R}_D$表示为清晰数矩阵$\boldsymbol{R}_C$;

3)计算评估对象间的偏好概率,构建基于清晰数矩阵$\boldsymbol{R}_C$的概率矩阵$\boldsymbol{R}_P$;

4)对$\boldsymbol{R}_P$矩阵进行三角化处理,得到三角概率矩阵$\boldsymbol{R}_P^{\mathrm{T}}$,即得到了各评价对象的重要性排序;

5)根据排序,将清晰数矩阵$\boldsymbol{R}_C$表示为矩阵$\boldsymbol{R}_C^{\mathrm{T}}$,并计算评价对象的量化评价值。

D 数偏好关系矩阵$\boldsymbol{R}_D$的不一致度系数 I.D.(Inconsistency Degree)可以通过以下公式得到:

$$\mathrm{I.D.} = \frac{\sum_{i=1,j<i}^{n} \boldsymbol{R}_P^{\mathrm{T}}(i,j)}{n(n-1)/2} \tag{5-10}$$

式中,$\boldsymbol{R}_P^{\mathrm{T}}(i,j)$表示$\boldsymbol{R}_P^{\mathrm{T}}$中的元素,$n$表示评估对象个数。

5.2 D 数偏好关系矩阵评价模型的构建

5.2.1 评价学科的选取

我国工学学科覆盖面广,涉及高校众多,其中,全国材料科学与工程一级学科具有"博士授权"的高校为 93 所,在 2016 年学位中心组织的第四轮学科评估中,共有 89 所高校参评,还有部分具有"硕士授权"的高校也参加了评估,参评高校共计 172 所。因此,选择工学学科中的材料科学与工程学科进行研究具有一定的代表性。

本书选取不同地区、处于不同发展阶段的 A、B、C 三所高校材料科学与工学科为例进行评价研究,它们的材料科学与工程学科均被列入"一流学科"建设名单中,说明其已具备可以成为本书研究"一流学科"的基础,但由于其所在高校的办学层次、所在地域、学科的国际排名、第四轮学科评估结果均有较大差异,是否最终能够真正成为一流学科还需要通过科学的评价进行判断,因此,选取它们作为研究对象具有一定的典型性。

A 高校位于华北地区,是"一流大学"建设高校,材料科学与工程学科是"一流学科"建设学科,在 2017 年学位中心第四轮学科评估中位列 A＋第 1 名,在 QS 世界一流学科排名(2020)和软科世界一流学科排名(2019)中均位于第 9 名。在全国学科评估中连续排名第 1,并在 2010 年国际评估中被世界知名专家学者赞誉为"达到世界一流水平",可以代表我国高校材料科学与工程学科的较高水平。

B 高校位于西北地区,是"一流大学"建设高校,材料科学与工程学科是"一流学科"建设学科,在 2017 年学位中心第四轮学科评估中处于 A 档,在 QS 世界一流学科排名(2020)中位于 151～200 名,在软科世界一流学科排名(2020)中位于 76～100 名。B 高校实力强劲,可以看出,材料科学与工程学科在国内评估中位次较前,但在国际排名中位次不尽理想,需要通过评价诊断其具体问题,以便"对症下药",使其真正成为世界一流学科。

C 高校位于华东地区,是原"211"工程建设高校,材料科学与工程学科被列为"一流学科"建设学科,在 2017 年学位中心第四轮学科评估中处于 A 档,在 QS 世界一流学科排名(2020)中位于 151～200 名,在软科世界一流学科排名(2020)中位于 76～100 名。材料科学与工程学科是 C 高校优势学科,也是"一流学科"建设中国家大力支持和鼓励特色发展的学科,因此,需要通过评价,进一步分析其优势和劣势,明晰发展路径。

5.2.2　评价专家的选取

本书邀请了 10 位学者和专家组成专家团队对 A、B、C 三所高校材料科学与工程学科进行评价,其中 6 位来自"一流大学"建设高校,4 位来自"一流学科"建设高校。专家团队成员包括材料科学与工程学科知名学者、学科建设或发展规划领域的专家、高等教育学领域知名专家等,他们在高等教育领域和学科建设领域具有丰富的理论与实践经验,能够对三所高校的材料科学与工程学科作出相对客观、科学的评价。

5.2.3 评价步骤

(1)获取学科建设成效相关资料和数据

获取 A、B、C 三所高校材料科学与工程学科在"双一流"建设期间关于学科规划、学科建设方案、组织管理、政策制度、师资队伍、人才培养、科学研究、社会服务、国际化交流与合作以及社会认可度等与本书构建的一流学科建设成效评价体系密切相关的资料和基础数据。这些资料和基础数据来源于相关学校学科官网、国家和各省市年度统计年鉴、国内外期刊网、国内外若干所评价机构的大学及学科排行榜等。其他资料来源于研究团队对三所高校发展规划部门或学科建设管理部门的调研,包括电话沟通、面对面访谈等。需要说明的是,参考第四轮学科评估的做法,"人才培养"指标中导师对学生的指导质量和用人单位对毕业生的评价均为以里克特 7 点量表为标准。对相关人群进行问卷调查的结果,选择三所高校材料科学与工程学科的硕士研究生和博士研究生各 5 名,来评价导师对其指导的质量;选择五年内至少两次招聘到该专业毕业生的企业,包括研究所、企事业单位等 5 家,以评价其毕业生的质量。

(2)邀请专家团队进行评价

将 A、B、C 三所高校材料科学与工程学科相关资料和数据提供给专家团队中的专家和学者,邀请他们在定量数据和定性描述的基础上,对面向学科表现度的一流学科建设成效评价体系的各评价指标进行打分评价,因篇幅原因,仅对各二级指标进行打分。

首先,将资料和基础数据提供给专家团队,以便他们对这三个高校的材料科学与工程学科进行更加深入的了解。接着,邀请专家根据已构建的面向学科表现度的一流学科建设成效评价体系,结合本人对被评价高校该学科的了解和提供的材料,以里克特 7 点量表为标准,对三所高校的材料科学与工程学科各项指标进行打分。这种专家团队根据原始材料"背靠背"的评价方式,将定性评价与定量分析充分结合,可以在最大程度上杜绝"看帽子"和"数篇数"的情况发生。然后,根据 10 位专家的打分情况,计算出每一项二级指标的平均分,整理得出A、B、C 三所高校材料科学与工程学科的评价汇总表。根据三所高校材料科学与工程学科的评价分值,分析其学科建设成效各项指标表现。

(3)构建 D 数偏好关系矩阵评价模型

通过对各评价指标设置最优情况下的理想值,并以理想值为基准,计算评价对象间的偏好关系,构建 D 数偏好关系矩阵评价模型,保证各评价对象的评价结果的独立性,有效避免特定对象的评价结果随其他对象评价值改变而可能出现变化的情况。

5.2.4　评价模型的构建

设定 8 项指标都为满分的高校材料科学与工程学科代表了世界一流学科水平,定义为 Ideal 高校(简称"I 高校"),将 A、B、C、I 四所高校材料科学与工程学科的专家评价分数进行整理汇总。算出 A、B、C 三所高校材料科学与工程学科和 I 高校之间的差值并转化为偏好关系值,结合各二级指标权重,构建 A、B、C、I 四所高校材料科学与工程学科的 D 数偏好关系矩阵评价模型。具体如下:

(1)计算各评价对象在每个评价指标上与理想值之间的差距

计算各高校在各二级指标上与理想高校 I 的差距,这里将 I 的各项指标都设置为满分(即 7 分),定义差值为 diff_i。

(2)以理想值为基准构造差值函数,得到评价对象间的偏好关系

将diff_i转化为 $0\sim0.5$ 间的偏好关系值,即转换函数为

$$y=0.5+\text{diff}/14$$

根据转换函数,将评价对象在各二级指标上的原始评价值转换为新的评价值。

需要说明的是,转换函数可以根据评价值衰减速度的不同而选择不同的函数形式,例如线性的、非线性的,同时,转换函数需满足以下特征:

1)y 是一个连续的单调增函数;

2)y(可取的最小差距值)$=0$;

3)y(可取的最大差距值)$=0.5$。

计算评价对象间的偏好关系值即可构造 D 数偏好关系矩阵。

5.3　D 数偏好关系矩阵评价模型的实例研究

5.3.1　评价学科的基本情况

本书根据三所高校官网信息,对各自材料科学与工程学科在学术团队、组织机构、人才培养、科学研究和社会服务等方面的基本情况作简要介绍。

(1)A 高校材料科学与工程学科

A 高校材料科学与工程学科现有多个国家和部委级科研和教学平台,包

括:新型陶瓷与精细工艺国家重点实验室、先进材料教育部重点实验室、先进成形制造教育部重点实验室、"先进材料"虚拟仿真国家实验教学示范中心、"材料科学与工程"国家教学示范中心、材料科学与工程研究院中心实验室等国内一流的教学科研平台,以及贝氏体钢推广中心、镁铝合金成形技术研究开发中心和功能材料国际联合研究中心等国家级产学研基地。

在师资队伍方面,A高校材料科学与工程学科拥有一支高水平的师资队伍,其中,两院院士8名(1名双聘)、杰出青年基金获得者10名、"优青"4名。A高校分学院分批次启动人事制度改革,极大地调动了教职工的积极性。根据学科建设的需要,成立多个研究创新团队,包括:材料加工技术及工艺仿真团队、新型功能材料团队、微结构与材料计算团队、新能源材料团队、极端条件材料团队以及医用环境碳材料团队等。

在人才培养方面,致力于培养具有国际视野、卓越创新精神、优秀研究能力和突出理论认识的材料学科学生。现有在校本科生约500名,硕士研究生约300名,博士研究生约300名,其中外国留学生40余人。本科生培养目标为:使学生具有坚实的数理基础,掌握系统的材料科学基础知识,受到较强的研究技能和工程技术训练;具备跨学科创新和创造性解决工程问题的能力;拥有健康身心、恪守学术道德和职业伦理;在学术创新、产业发展中发挥引领性作用。就业引导工作以"全周期、分类别、立大志、入主流"为方针开展,针对不同阶段的学生和不同就业方向,分类别进行就业引导;努力丰富就业引导、社会实践的形式和内容,引导学生在实践中"受教育、长才干、作贡献"。学科拥有材料科学基础、电子显微分析、工程材料等多项国家级精品课程。

在科学研究方面,瞄准材料科学前沿并紧密结合国家重大需求,注重学科交叉,形成了若干有特色、在国内外有影响力的研究方向,获得国家重点研发计划、国家基金委创新研究群体项目、国家基金委重大研究计划等多项科研项目。

充分利用国内外的良好学术声誉,积极开展全方位的开放合作研究。目前已与国际一流的材料科学研究机构(麻省理工学院、加州大学伯克利分校、斯坦福大学、橡树岭国家实验室、东京大学、新加坡国立大学、德国马普所、剑桥大学、帝国理工大学、瑞士联邦理工大学)以及国内众多一流高校与科研院所建立了广泛、深入的合作关系。2011年,科技部批准成立了功能材料国际联合研究中心,为国际合作研究构建了较好的平台。近年来瞄准国际前沿和热点,力争做出有国际影响的基础研究和应用基础研究成果,形成有优势的、特色鲜明的国际一流学科方向,与国际知名企业 Toyota、Samsung、Mitsubishi、Boeing、Siemens、Toshiba 等建立了长期稳定的合作关系。

（2）B 高校材料科学与工程学科

B 高校材料科学与工程学科拥有凝固技术国家重点实验室、超高温结构复合材料国家级重点实验室等多个国家级平台和省部级平台,是材料科学与工程领域人才培养、科学研究、技术创新和学术交流的重要基地。

B 高校采用 A、B 轨和专兼职相结合的用人机制,对教学科研、实验技术、管理和专职科研岗进行分类考核,全员活力得到有效激发。实施优秀青年人才科研培养计划,支持开展创新性交叉研究和新方向探索研究,搭建人才成长阶梯。拥有一支高水平的师资队伍,其中,中国科学院院士 1 人,中国工程院院士 4 人,长江学者 7 人,国家杰出青年基金获得者 6 人,"万人计划"领军人才 6 人,国家级青年人才 16 人;拥有国家自然科学基金委创新群体、长江学者创新团队、国防科技工业优秀科技创新团队、陕西省重点科研创新团队、陕西省优秀教学团队等多个高水平科研与教学团队。

在人才培养方面,坚持以培养具有坚实自然科学基础、材料科学与工程专业基础和人文社会科学基础,具有较强创新素质、国际视野和沟通与管理能力的高素质人才为目标,为国防科技事业发展和国民经济建设输送了上万名优秀毕业生,其中包括 9 名两院院士、17 名长江学者和国家杰出青年科学基金获得者以及众多行业领军人才。现有本科生、研究生、博士生 2 700 余名,本科教育实施大类招生、大类培养。充分发挥教师发展中心、教授委员会、教学工作委员会作用,围绕教学运行体系、高效教学管理队伍建设组织专题研讨,定期开展教师培训,鼓励参加教学竞赛,积极推进教学模式改革,取得了显著成效。

在科学研究方面,"十三五"以来,承担国家自然科学基金 150 项,项目总经费 10 398 万元;承担国家重大专项、重点研发计划、"863"计划、国防基础科研、国防预研、航空基金、航天基金等国家级项目 300 余项;牵头国家重点研发计划、民机科研专项、国防专项等重大项目 10 项;累计科研经费到款 7.5 亿元;获国家自然科学奖 1 项,技术发明奖 6 项,科技进步奖 1 项,省部级科技奖励 11 项。

长期与英国、法国、美国、德国、澳大利亚、俄罗斯、西班牙、乌克兰、斯洛伐克以及波兰等多个国家和地区的高校与科研机构合作,建立了多个联合实验室或科研共享平台,签订本科生、研究生联合培养或双学位协议,聘任了多名国外知名机构高校专家担任名誉教授或讲座教授。每年邀请近百名外籍专家来校讲学或开展联合研究,派出上百名教师、学生出国交流、合作研究。

（3）C 高校材料科学与工程学科

C 高校材料科学与工程学科为我国非金属材料事业的发展培养了一大批优

秀人才,拥有国家医用生物材料动员中心、超细材料制备与应用教育部重点实验室、特种功能高分子材料及相关技术教育部重点实验室、教育部医用生物材料工程研究中心等国家级、省部级科研基地。

拥有一支较高水平的师资团队,其中,兼职双聘院士 2 人,国家杰出青年基金获得者 4 人(优青 2 人),"新世纪百千万人才工程"国家级人选 2 人。

在人才培养方面,制定并实施了面向 21 世纪教育培养计划,以培养专业基础扎实、实践能力强、具备国际视野和创新精神的高素质社会英才为目标,形成了特色鲜明的人才培养模式。拥有"高分子科学与工程实验""高分子物理"等国家精品课程,本科教学质量在全国同类专业中有一定的知名度。

科研课题密切结合国家经济建设和国防建设重大项目,以为国家经济主战场提供服务为学科特色,以应用基础研究和工程开发相结合、实现工程化为优势,在材料领域的某些方面研究成果达到了国内领先水平,有些达到国际先进水平。近 5 年来,承担国家和省部级重大项目 400 余项,经费到款 2.8 亿余元,SCI收录论文 1 000 余篇,国家级、省部级科研教学获奖 30 余项,其中国家自然科学二等奖 1 项,国家科技进步二等奖 3 项,国家技术发明二等奖 2 项。

5.3.2 专家团队的打分情况

(1)专家团队打分情况

专家根据所提供材料,结合对 A、B、C 三所高校材料科学与工程学科的了解,打分情况见表 5-1~表 5-3。

表 5-1 A 高校材料科学与工程学科专家打分表

一级指标	二级指标	E1	E2	E3	E4	E5	E6	E7	E8	E9	E10
学科基础	硬件基础	7	7	6	7	7	6	7	7	7	7
	政策与经费支持	6	7	6	7	6	6	6	7	6	7
过程管理	学术团队	7	7	6	7	7	7	7	7	7	7
	组织管理	7	6	6	7	6	7	6	7	7	6
	文化传承与创新	6	6	6	6	6	6	7	6	6	6
学科产出	人才培养	7	7	6	7	7	6	7	7	7	6
	科学研究	6	6	6	7	7	6	7	6	6	7
	社会服务	6	7	6	6	6	6	6	6	7	6

表 5-2　B 高校材料科学与工程学科专家打分表

一级指标	二级指标	E1	E2	E3	E4	E5	E6	E7	E8	E9	E10
学科基础	硬件基础	6	7	6	7	7	6	6	6	7	7
	政策与经费支持	6	6	5	7	6	5	6	6	6	7
过程管理	学术团队	6	7	6	7	7	7	7	6	7	7
	组织管理	5	6	6	7	6	6	5	6	6	6
	文化传承与创新	5	6	6	6	6	6	5	6	6	6
学科产出	人才培养	6	5	5	6	6	6	6	6	6	6
	科学研究	5	6	6	6	6	6	5	5	5	6
	社会服务	5	6	6	6	6	6	5	5	5	6

表 5-3　C 高校材料科学与工程学科专家打分表

一级指标	二级指标	E1	E2	E3	E4	E5	E6	E7	E8	E9	E10
学科基础	硬件基础	6	5	6	6	7	6	7	6	7	6
	政策与经费支持	6	6	5	5	6	6	6	6	7	6
过程管理	学术团队	4	5	5	5	5	5	5	4	6	5
	组织管理	5	5	5	4	5	5	5	4	6	6
	文化传承与创新	5	5	4	5	5	5	4	5	4	6
学科产出	人才培养	6	5	5	6	6	6	6	5	6	5
	科学研究	5	6	5	6	6	5	6	5	5	6
	社会服务	6	7	6	6	6	6	7	6	7	6

（2）专家团队打分结果分析

A,B,C 三所高校材料科学与工程学科专家平均分见表 5-4。

表 5-4　A,B,C 三所高校材料科学与工程学科专家平均分

二级指标	A	B	C
硬件基础(0.099 9)	6.8	6.5	6.2
政策与经费支持(0.099 9)	6.4	5.9	5.9
学术团队(0.167 1)	6.9	6.7	4.9
组织管理(0.066 4)	6.8	5.9	5.2
文化传承与创新(0.066 7)	6.2	5.8	4.8
人才培养(0.233 5)	6.7	5.8	5.6
科学研究(0.199 8)	6.4	5.5	5.4
社会服务(0.066 7)	6.1	5.6	6.3

　　根据专家团队对面向学科表现度的一流工学学科建设成效评价体系二级指标的评价结果可以看出,A高校材料科学与工程学科表现优异,8项指标分值均超过6分,学术团队指标更是高达6.9分,硬件基础和组织管理指标均达到了6.8分,人才培养指标达到了6.7分,说明A高校材料科学与工程学科不但具有一流的学术团队、一流的硬件基础和一流的人才培养,其组织管理模式、组织管理制度等方面也具有很高水平。

　　B高校材料科学与工程学科表现也较为突出,8项指标分值均超过5分,学术团队和硬件基础指标分别达到了6.7分和6.5分。但其余指标分值差距较大,尤其是权重较高的科学研究指标分数最低,仅为5.5分,表明B高校材料科学与工程学科在科学研究方面还未形成特色和优势,需要在探索科学前沿、解决国家或地区重大科学问题、服务国家或区域重大发展战略上尽快找到突破口。而社会服务、组织管理、文化传承与创新等指标也都在5.6分到5.9分不等,表明B高校材料科学与工程学科在这些指标上仍需持续发力。

　　C高校材料科学与工程学科在8项指标的表现上差别较大,其中硬件基础和社会服务指标都超过了6分,尤其是社会服务指标分值超过了A和B两所高校,显示出C高校材料科学与工程学科在社会服务指标方面具有显著的学科特色和实力;学术团队指标分值较低,仅为4.9分,说明C高校材料科学与工程学科在学术领军人物和学术团队建设方面还需跨越式发展;此外,文化传承与创新、组织管理、科学研究3项指标分值也较低,均未超过5.5分,说明C高校材料科学与工程学科要深入分析以上因素的形成原因,尽快补齐学科建设短板,促进学科高质量发展。

　　以上分析虽然能够说明各高校材料科学与工程学科建设中存在的一些问题,但还是未能直观地反映其评价结果,尤其是基于专家打分得到的各指标分值存在一定的不确定性,可能会对评价结果产生影响。需要在构建的D数偏好关系矩阵评价模型中计算三所高校材料科学与工程学科的量化评价值,从而科学地反映专家意见和学科实际。

5.3.3　评价模型的应用

(1)A、B、C、I的D数偏好关系矩阵评价模型构建

　　设定I高校材料科学与工程学科代表了世界一流学科,8项指标都为满分,四所高校材料科学与工程学科专家平均分见表5-5。

表 5-5　A、B、C、I 四所高校材料科学与工程学科专家平均分

二级指标	A	B	C	I
硬件基础(0.099 9)	6.8	6.5	6.2	7
政策与经费支持(0.099 9)	6.4	5.9	5.9	7
学术团队(0.167 1)	6.9	6.7	4.9	7
组织管理(0.066 4)	6.8	5.9	5.2	7
文化传承与创新(0.066 7)	6.2	5.8	4.8	7
人才培养(0.233 5)	6.7	5.8	5.6	7
科学研究(0.199 8)	6.4	5.5	5.4	7
社会服务(0.066 7)	6.1	5.6	6.3	7

下述以 A 高校材料科学与工程学科(以下简称"A")与 B 高校材料科学与工程学科(以下简称"B")为例,说明 D 数偏好关系矩阵的构建过程。

第一步:计算各高校在各项指标上与理想高校 I(即 7 分)的差距,在硬件基础指标方面,A 得分为 6.8,B 得分为 6.5 分

容易算出,A 和 I 的差为 -0.2,B 和 I 的差为 -0.5,即

$$\text{diff}_A = -0.2, \ \text{diff}_B = -0.5$$

第二步:根据差值函数 $y = 0.5 + \text{diff}/14$,将 diff_i 转化为 $0\sim0.5$ 间的偏好关系值,分别为

$$y_A = 0.485\ 7$$
$$y_B = 0.464\ 3$$

第三步:构建 D 数偏好关系矩阵评价模型,计算 A 优于 B 的可能性,即 A>B:

$$0.5 + (y_A - y_B) = 0.521\ 4$$

而 B 优于 A 的可能性为 B>A:

$$0.5 + (y_B - y_A) = 0.478\ 6$$

表明在硬件基础上 A 要优于 B,表示成模糊偏好关系,即为

$$\mu(A>B) = 0.521\ 4$$

而

$$\mu(B>A) = 0.487\ 6$$

由于硬件基础这个指标只占 0.099 9 的权重,因此 $\mu(A>B) = 0.521\ 4$ 可以视为 A 与 B 在硬件基础方面最终关系的可能性为 0.099 9,即

$$\mu(A>B) = 0.521\ 4,其可能性为 0.099\ 9;$$

对于其他指标,容易得到模糊偏好关系及其能够作为最终关系的可能性分

别为

在政策与经费支持方面,有

$$\mu(A>B)=0.535\ 7,其可能性为\ 0.099\ 9;$$

在学术团队方面,有

$$\mu(A>B)=0.514\ 3,其可能性为\ 0.167\ 1;$$

在组织管理方面,有

$$\mu(A>B)=0.564\ 3,其可能性为\ 0.066\ 4;$$

在文化传承与创新方面,有

$$\mu(A>B)=0.528\ 6,其可能性为\ 0.066\ 7;$$

在人才培养方面,有

$$\mu(A>B)=0.564\ 3,其可能性为\ 0.233\ 5;$$

在科学研究方面,有

$$\mu(A>B)=0.564\ 3,其可能性为\ 0.199\ 8;$$

在社会服务方面,有

$$\mu(A>B)=0.535\ 7,其可能性为\ 0.066\ 7。$$

综合以上八个方面,能够得到 A 与 B 的 D 数偏好关系为

$$\boldsymbol{D}(A>B)=\begin{bmatrix}0.521\ 4 & 0.099\ 9 \\ 0.535\ 7 & 0.099\ 9 \\ 0.514\ 3 & 0.167\ 1 \\ 0.564\ 3 & 0.066\ 4 \\ 0.528\ 6 & 0.066\ 7 \\ 0.564\ 3 & 0.233\ 5 \\ 0.564\ 3 & 0.199\ 8 \\ 0.535\ 7 & 0.066\ 7\end{bmatrix}$$

同理,可以得到 A 与 C 的 D 数偏好关系为

$$\boldsymbol{D}(A>C)=\begin{bmatrix}0.542\ 9 & 0.099\ 9 \\ 0.535\ 7 & 0.099\ 9 \\ 0.642\ 9 & 0.167\ 1 \\ 0.614\ 3 & 0.066\ 4 \\ 0.600\ 0 & 0.066\ 7 \\ 0.578\ 6 & 0.233\ 5 \\ 0.571\ 4 & 0.199\ 8 \\ 0.485\ 7 & 0.066\ 7\end{bmatrix}$$

A 与 I 的 D 数偏好关系为

$$D(A>I)=\begin{bmatrix} 0.485\ 7 & 0.099\ 9 \\ 0.457\ 1 & 0.099\ 9 \\ 0.492\ 9 & 0.167\ 1 \\ 0.485\ 7 & 0.066\ 4 \\ 0.442\ 9 & 0.066\ 7 \\ 0.478\ 6 & 0.233\ 5 \\ 0.457\ 1 & 0.199\ 8 \\ 0.435\ 7 & 0.066\ 7 \end{bmatrix}$$

按照这种方法,能够得到任意两所高校材料科学与工程学科的 D 数偏好关系,从而形成最终的 D 数偏好关系矩阵评价模型,见表 5-6。

表 5-6　四所高校材料科学与工程学科建设成效的 D 数偏好关系矩阵

	A	B	C	I
A	$\begin{bmatrix} 0.5 & 1 \end{bmatrix}$	$\begin{bmatrix} 0.521\ 4 & 0.099\ 9 \\ 0.535\ 7 & 0.099\ 9 \\ 0.514\ 3 & 0.167\ 1 \\ 0.564\ 3 & 0.066\ 4 \\ 0.528\ 6 & 0.066\ 7 \\ 0.564\ 3 & 0.233\ 5 \\ 0.564\ 3 & 0.199\ 8 \\ 0.535\ 7 & 0.066\ 6 \end{bmatrix}$	$\begin{bmatrix} 0.542\ 9 & 0.099\ 9 \\ 0.535\ 7 & 0.099\ 9 \\ 0.642\ 9 & 0.167\ 1 \\ 0.614\ 3 & 0.066\ 4 \\ 0.600\ 0 & 0.066\ 7 \\ 0.578\ 6 & 0.233\ 5 \\ 0.571\ 4 & 0.199\ 8 \\ 0.485\ 7 & 0.066\ 7 \end{bmatrix}$	$\begin{bmatrix} 0.485\ 7 & 0.099\ 9 \\ 0.457\ 1 & 0.099\ 9 \\ 0.492\ 9 & 0.167\ 1 \\ 0.485\ 7 & 0.066\ 4 \\ 0.442\ 9 & 0.066\ 7 \\ 0.478\ 6 & 0.233\ 5 \\ 0.457\ 1 & 0.199\ 8 \\ 0.435\ 7 & 0.066\ 7 \end{bmatrix}$
B	$\begin{bmatrix} 0.478\ 6 & 0.099\ 9 \\ 0.464\ 3 & 0.099\ 9 \\ 0.485\ 7 & 0.167\ 1 \\ 0.435\ 7 & 0.066\ 4 \\ 0.471\ 4 & 0.066\ 7 \\ 0.435\ 7 & 0.233\ 5 \\ 0.435\ 7 & 0.199\ 8 \\ 0.464\ 3 & 0.066\ 7 \end{bmatrix}$	$\begin{bmatrix} 0.5 & 1 \end{bmatrix}$	$\begin{bmatrix} 0.521\ 4 & 0.099\ 9 \\ 0.500\ 0 & 0.099\ 9 \\ 0.628\ 6 & 0.167\ 1 \\ 0.550\ 0 & 0.066\ 4 \\ 0.571\ 4 & 0.066\ 7 \\ 0.514\ 3 & 0.233\ 5 \\ 0.507\ 1 & 0.199\ 8 \\ 0.450\ 0 & 0.066\ 7 \end{bmatrix}$	$\begin{bmatrix} 0.464\ 3 & 0.099\ 9 \\ 0.421\ 4 & 0.099\ 9 \\ 0.478\ 6 & 0.167\ 1 \\ 0.421\ 4 & 0.066\ 4 \\ 0.414\ 3 & 0.066\ 7 \\ 0.414\ 3 & 0.233\ 5 \\ 0.392\ 9 & 0.199\ 8 \\ 0.400\ 0 & 0.066\ 7 \end{bmatrix}$

	A	B	C	I
C	$\begin{bmatrix} 0.457\,1 & 0.099\,9 \\ 0.464\,3 & 0.099\,9 \\ 0.357\,1 & 0.167\,1 \\ 0.385\,7 & 0.066\,4 \\ 0.400\,0 & 0.066\,7 \\ 0.421\,4 & 0.233\,5 \\ 0.428\,6 & 0.199\,8 \\ 0.514\,3 & 0.066\,7 \end{bmatrix}$	$\begin{bmatrix} 0.478\,6 & 0.099\,9 \\ 0.500\,0 & 0.099\,9 \\ 0.371\,4 & 0.167\,1 \\ 0.450\,0 & 0.066\,4 \\ 0.428\,6 & 0.066\,7 \\ 0.485\,7 & 0.233\,5 \\ 0.492\,9 & 0.199\,8 \\ 0.550\,0 & 0.066\,7 \end{bmatrix}$	$[0.5\ 1]$	$\begin{bmatrix} 0.442\,9 & 0.099\,9 \\ 0.421\,4 & 0.099\,9 \\ 0.350\,0 & 0.167\,1 \\ 0.371\,4 & 0.066\,4 \\ 0.342\,9 & 0.066\,7 \\ 0.400\,0 & 0.233\,5 \\ 0.385\,7 & 0.199\,8 \\ 0.450\,0 & 0.066\,7 \end{bmatrix}$
I	$\begin{bmatrix} 0.514\,3 & 0.099\,9 \\ 0.542\,9 & 0.099\,9 \\ 0.507\,1 & 0.167\,1 \\ 0.514\,3 & 0.066\,4 \\ 0.557\,1 & 0.066\,7 \\ 0.521\,4 & 0.233\,5 \\ 0.542\,9 & 0.199\,8 \\ 0.564\,3 & 0.066\,7 \end{bmatrix}$	$\begin{bmatrix} 0.535\,7 & 0.099\,9 \\ 0.578\,6 & 0.099\,9 \\ 0.521\,4 & 0.167\,1 \\ 0.578\,6 & 0.066\,4 \\ 0.585\,7 & 0.066\,7 \\ 0.585\,7 & 0.233\,5 \\ 0.607\,1 & 0.199\,8 \\ 0.600\,0 & 0.066\,7 \end{bmatrix}$	$\begin{bmatrix} 0.557\,1 & 0.099\,9 \\ 0.578\,6 & 0.099\,9 \\ 0.650\,0 & 0.167\,1 \\ 0.628\,6 & 0.066\,4 \\ 0.657\,1 & 0.066\,7 \\ 0.600\,0 & 0.233\,5 \\ 0.614\,3 & 0.199\,8 \\ 0.550\,0 & 0.066\,7 \end{bmatrix}$	$[0.5\ 1]$

（2）A、B、C、I 的 D 数偏好关系矩阵评价模型求解

第一步：以不确定的 D 数偏好关系矩阵为输入，转化得到清晰数矩阵 $\boldsymbol{R}_C$。

$$\boldsymbol{R}_C = \begin{matrix} & \begin{matrix} A & \quad B & \quad C & \quad I \end{matrix} \\ \begin{matrix} A \\ B \\ C \\ I \end{matrix} & \begin{bmatrix} 0.500\,0 & 0.544\,5 & 0.577\,6 & 0.470\,5 \\ 0.455\,5 & 0.500\,0 & 0.533\,1 & 0.426\,0 \\ 0.422\,4 & 0.466\,9 & 0.500\,0 & 0.392\,8 \\ 0.529\,5 & 0.574\,0 & 0.607\,2 & 0.500\,0 \end{bmatrix} \end{matrix}$$

第二步：根据 $\boldsymbol{R}_C$ 生成可能性矩阵 $\boldsymbol{R}_P$，其中每个元素 $R_P(i,j)$ 表示方案 i 优于方案 j 的可能性，有

$$\boldsymbol{R}_P = \begin{matrix} & \begin{matrix} A & B & C & I \end{matrix} \\ \begin{matrix} A \\ B \\ C \\ I \end{matrix} & \begin{bmatrix} 0 & 1 & 1 & 0 \\ 0 & 0 & 1 & 0 \\ 0 & 0 & 0 & 0 \\ 1 & 1 & 1 & 0 \end{bmatrix} \end{matrix}$$

第三步:对可能性矩阵$\boldsymbol{R}_P$进行三角化处理,生成上三角之和最大的三角矩阵$\boldsymbol{R}_P^{\mathrm{T}}$,有

$$
\boldsymbol{R}_P^{\mathrm{T}} = \begin{array}{c} \\ \mathrm{I} \\ \mathrm{A} \\ \mathrm{B} \\ \mathrm{C} \end{array} \begin{array}{cccc} \mathrm{I} & \mathrm{A} & \mathrm{B} & \mathrm{C} \\ \left[\begin{array}{cccc} 0 & 1 & 1 & 1 \\ 0 & 0 & 1 & 1 \\ 0 & 0 & 0 & 1 \\ 0 & 0 & 0 & 0 \end{array}\right] \end{array}
$$

根据$\boldsymbol{R}_P^{\mathrm{T}}$可以得到四所高校的排序为

$$\mathrm{I} > \mathrm{A} > \mathrm{B} > \mathrm{C}$$

上述的排序结果表明,综合考虑硬件基础、政策与经费支持、学术团队等八方面的因素,I 高校最好,其次是 A 高校和 B 高校,最后是 C 高校。但是这只是得到了定性的排名,它们之间的定量关系仍然是不清楚的。因此,需要进行第四步的运算以得到各高校材料科学与工程学科的量化评价值。

第四步:根据三角矩阵$\boldsymbol{R}_P^{\mathrm{T}}$生成的排序,对清晰数矩阵$R_C$进行重排,可得

$$
\boldsymbol{R}_C^{\mathrm{T}} = \begin{array}{c} \\ \mathrm{I} \\ \mathrm{A} \\ \mathrm{B} \\ \mathrm{C} \end{array} \begin{array}{cccc} \mathrm{I} & \mathrm{A} & \mathrm{B} & \mathrm{C} \\ \left[\begin{array}{cccc} 0.500\ 0 & 0.529\ 5 & 0.574\ 0 & 0.607\ 2 \\ 0.470\ 5 & 0.500\ 0 & 0.544\ 5 & 0.577\ 6 \\ 0.426\ 0 & 0.455\ 5 & 0.500\ 0 & 0.533\ 1 \\ 0.392\ 8 & 0.422\ 4 & 0.466\ 9 & 0.500\ 0 \end{array}\right] \end{array}
$$

根据$\boldsymbol{R}_C^{\mathrm{T}}$可得以下方程组:

$$
\begin{cases}
\lambda(w_{\mathrm{I}} - w_{\mathrm{A}}) = 0.529\ 5 - 0.5 \\
\lambda(w_{\mathrm{A}} - w_{\mathrm{B}}) = 0.544\ 5 - 0.5 \\
\lambda(w_{\mathrm{B}} - w_{\mathrm{C}}) = 0.533\ 1 - 0.5 \\
w_{\mathrm{I}} + w_{\mathrm{A}} + w_{\mathrm{B}} + w_{\mathrm{C}} = 1 \\
\lambda > 0 \\
w_{\mathrm{I}}, w_{\mathrm{A}}, w_{\mathrm{B}}, w_{\mathrm{C}} \geqslant 0
\end{cases}
$$

这里$w_{\mathrm{I}}, w_{\mathrm{A}}, w_{\mathrm{B}}, w_{\mathrm{C}}$可视为各高校归一化的评价值,$\lambda$是与评价结果间差异性大小相关的一个参数,其值越小越能区分候选方案间的差异,其值越大越趋向于认为候选方案间无差异。

根据经验方案,λ取$[\lambda]$(即对λ可行解的下界取整)时表示高度可信,即具有高的区分度,λ取所比较的方案的个数n(这里为 4)表示中等可信,λ取$n^2/2$时表示低度可信。解以上方程组可得

$$\begin{cases} w_{\mathrm{I}}=1/4+0.0527/\lambda \\ w_{\mathrm{A}}=1/4+0.0232/\lambda \\ w_{\mathrm{B}}=1/4-0.0214/\lambda \\ w_{\mathrm{C}}=1/4-0.0544/\lambda \\ \lambda\in[0.2176,+\infty) \end{cases}$$

通过上述四个步骤,表5-6所示的 D 数偏好关系矩阵被完全求解,四所高校材料科学与工程学科建设成效的量化评价值及排序见表5-7。

表5-7 四所高校材料科学与工程学科建设成效的量化评价值及排序

高 校	评价值				排 序
	高度可信	中度可信	低度可信	评价值区间	
I	0.303	0.263	0.257	(0.25,0.492]	1
A	0.273	0.256	0.253	(0.25,0.356]	2
B	0.229	0.245	0.247	[0.152,0.25)	3
C	0.196	0.236	0.243	[0,0.25)	4

上述结果如图5-1所示。

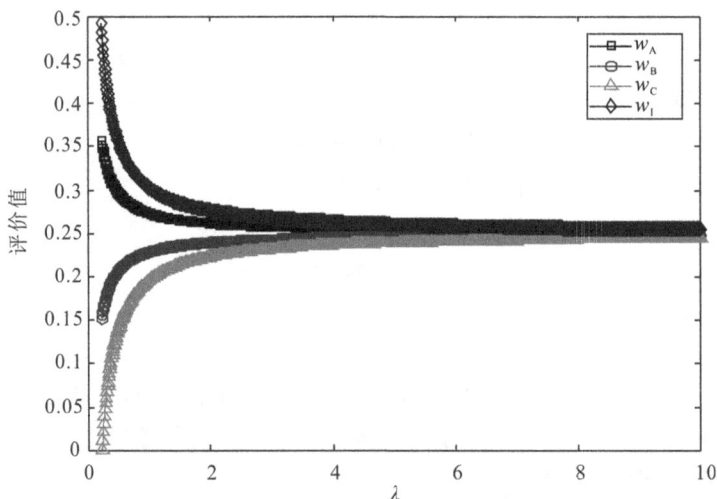

图5-1 四所高校材料科学与工程学科建设成效随 λ 变化的评价值

为了更清楚地反映评价结果,本书将 I 高校材料科学与工程学科评价值设为100分,A、B、C 三所高校该学科评价值见表5-8,图形化结果如图5-2所示。

表 5-8　四所高校材料科学与工程学科建设成效量化评价值(满分为 100 分)

高校	高度可信/分	中度可信/分	低度可信/分
I	100	100	100
A	90.1	97.3	98.4
B	75.6	93.2	96.1
C	64.7	89.7	94.6

可以看出,A、B、C 三所高校材料科学与工程学科排序分别为 A 高校第一,B 高校第二,最后是 C 高校。量化评价值随区别度 λ 的变化而变化,当 λ 为高度可信时,A 高校为 90.1 分,B 高校为 75.6 分,C 高校为 64.7 分;当 λ 为中度可信时,A 高校为 97.3 分,B 高校为 93.2 分,C 高校为 89.7 分;当 λ 为低度可信时,A 高校为 98.4 分,B 高校为 96.1 分,C 高校为 94.6 分。也就是说,在高度可信时,各高校材料科学与工程学科建设成效区别较大;在低度可信时,各高校材料科学与工程学科建设成效区别较小。

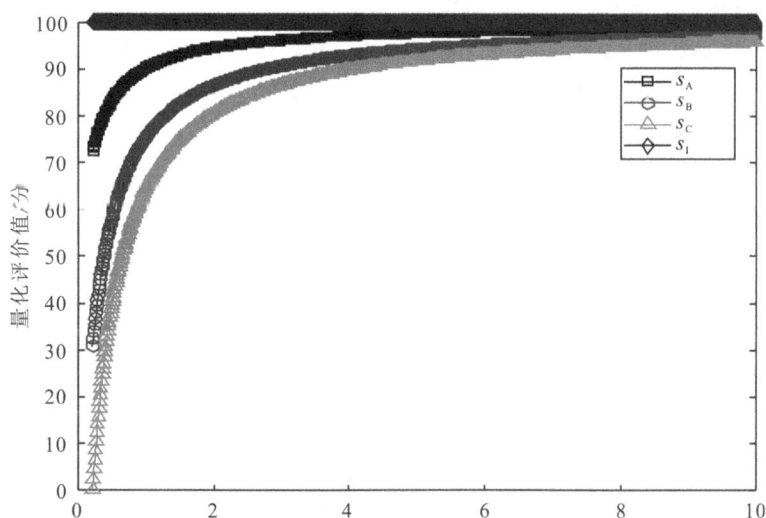

图 5-2　四所高校材料科学与工程学科建设成效随 λ 变化的量化评价值(满分为 100 分)

5.3.4　评价结果分析

通过在面向学科表现度的一流工学学科建设成效评价体系中构建 D 数偏好关系矩阵评价模型并求解,得到三所高校材料科学与工程学科建设成效的评价值排序及量化评价值。

A高校材料科学与工程学科的确代表了我国高校材料科学与工程学科的最高水平,即便是和理想状态下的I高校相比,差别也并不明显,可以称得上"世界一流",因此,国内高校的材料科学与工程学科完全可以以A高校该学科为标杆学科,认真研究和仔细分析其建设经验。但是通过专家打分也可以看出,在"社会服务"指标下,A高校材料科学与工程学科优势并不显著,甚至平均分低于C高校,说明A高校在该指标下还有进一步提升的空间,在服务地方经济发展和产学研合作方面应加强建设,凝聚"中国特色"。

B高校材料科学与工程学科虽然在第四轮学科评估中表现尚可,但在 λ 为高度可信时,和A高校该学科相比,相差14.5分,差距较大,B高校在硬件基础和学术团队方面表现较为突出,但是在人才培养、组织管理、学科文化、科学研究和社会服务方面都还需要进一步加强,争取稳步提升。

C高校材料科学与工程学科在 λ 为高度可信时,和A高校该学科相比,相差25.4分,和B高校该学科相比,相差10.9分,差距还是比较大的,虽然C高校在社会服务方面学科特色鲜明、表现优异,极具"中国特色",但在其他各方面要想冲击"世界一流"学科还要进行跨越式发展。

评价结果表明,无论区别度 λ 如何变化,A高校始终排名第一,B高校次之,C高校第三,且随 λ 值的增加,三所高校材料科学与工程学科建设成效评价值的差距呈越来越小的趋势。

5.4　本章小结

本章在面向学科表现度的一流工学学科建设成效评价体系中构建了D数偏好关系矩阵评价模型,并对处于不同地区、不同发展阶段的A、B、C三所高校材料科学与工程学科进行了实例研究。首先,搜集整理A、B、C三所高校材料科学与工程学科的学科建设相关材料;其次,邀请10位专家学者组成专家团队,根据评价体系中的8个二级指标进行里克特7点量表打分评价,计算出10位专家的平均分,根据专家给出的评价分值,深入分析A、B、C三所高校材料科学与工程学科建设情况;最后,通过将I高校材料科学与工程学科各评价指标设置成最优情况下的理想值,并以理想值为基准构建A、B、C、I之间的D数偏好关系矩阵,得到三所高校材料科学与工程学科排序及随区别度 λ 变化的不同评价值,验证了前述评价体系及评价模型的适用性,使得各评价对象的评价结果具有独立性和稳定性,提升了面向学科表现度的一流工学学科建设成效评价的科学性,也更加客观地反映了专家意见和学科建设实际。

第6章 提升一流学科建设成效的 对策与建议

第5章在面向学科表现度的一流工学学科建设成效评价体系中构建了 D 数偏好关系矩阵评价模型,并对 A、B、C 三所高校的材料科学与工程学科进行了实例研究,验证了所构建评价体系及评价模型的适用性,进一步提升了一流工学学科建设成效评价的科学性。根据研究结果,本章提出提升一流学科建设成效的对策与建议。

6.1 提升一流学科建设成效的对策

1.注重过程管理,激发学科内生动力

通过本书构建的面向学科表现度的一流工学学科建设成效评价体系,揭示了学科基础、过程管理、学科产出 3 个一级指标对我国高校一流工学学科建设成效评价结果的影响,高校管理者要充分了解过程管理对于学科建设的重要意义,不再仅仅围绕学科产出而进行学科建设,或仅对学科硬件基础、学术团队等投入,而是要密切关注学科组织化水平的提高,通过学科组织制度建设和学科文化建设,着力提高学科的组织化程度。

校院两级资源配置改革和人事制度改革是我国高校学科组织较多采用的组织管理制度。学科组织通过人员聘用制度、晋升和考核制度、薪酬制度等各类型规章制度的制定和各项管理程序的运行,规范人、财、物的分配和使用,优化资源配置,形成学科建设合力,提高组织运行效率。其中,通过校院签订"目标责任书"的方式,可以实现管理重心下移,明确了学校、学院、学科的责、权、利关系,通过绩效考核结果,学校进行资源的重新配置与调整,学院和学科可以获得更多的自主办学空间;较多高校在人事制度改革中对教职工实施全员岗位责任制和准聘-长聘制度,可以明确每一位教职工的聘期任务和工作职责,通过晋升、考核、薪酬等配套制度的实施,调动每一位教职工的积极性和主动性,进而激发学院和学科的内生动力和办学活力。在世界一流学科建设过程中,要立足中国国情,扎根中国血脉,深入挖掘社会主义核心价值观、中华传统文化、大学文化、学科文化中蕴含的思想观念、人文精神、道德规范、行为准则,从而凝聚学科力量、传承学科精神和打造中国特色。

2.汇聚学科优势,合理规划学科布局

从本书对一流学科和重点学科、优势学科、特色学科的辨析中得出,由于各高校相关学科所处环境和学科特点显著不同,所以在学科基础、人才培养对象、科学研究方向等方面存在较大差异。在学科建设过程中,不能搞"一刀切"的建设模式,要对各类型学科和处在不同发展阶段的学科进行充分了解和掌握,基于资源实际和学校及学科战略目标,优化学科组织结构,创新学科组织模式,明确学科发展方向,聚焦学科建设重点任务,明确高校和学科的比较优势和核心竞争力,深入分析并科学判断学科优势与发展潜力。

从高校层面来讲,部分高校一味追求学科规模的大而全,在学科布局上忽视了学校的办学特色和办学基础,导致学科资源投入受限,优势学科、特色学科发展动力不足,而拟新建学科基础薄弱,从而影响学校长远发展;还有的高校缺乏对学校整体学科的统筹规划,在学科资源有限的情况下,将绝大部分资源倾力投入至一个学科,使得相关学科、支撑学科受到极大影响,破坏了学科生态。从学科层面来看,受学校发展政策和学科调整的影响,有些高校的一级学科隶属于多个二级学院,而某个学院可能同时包含非本学院一级学科下设的多个二级学科,学科方向很难凝聚,学科资源容易分散,同时,如果学校缺乏对跨学院、跨学科交叉融合的统筹协调,则学科发展很难打破学院壁垒,从而限制了学科发展。

对很多著名大学世界一流学科的成长轨迹进行梳理,可以发现其基本来自三条路径:①将已有的特色学科、优势学科做大做强;②积极、融入国家、区域和行业的重大发展战略,在满足社会发展重大需求的过程中成长壮大;③立足新的科学技术和学科发展前沿,在学科的交叉融合中培育出新的学科。任何一所大学都有其独特的历史文化、办学特色和学术传统,即使是世界顶尖大学,也不可能每一个学科都处于世界顶尖水平,要结合自身优势和发展特色,坚持有所为有所不为,以一流学科建设为中心,统筹人、财、物等资源配置,对学科进行合理规划和布局。对综合性、高水平大学而言,要汇聚学科优势,面向国家创新发展要求,面向国家重大战略需求,面向世界科技发展前沿,构建学科领域—学科群—学科等分层建设体系,以促进学科交叉融合,进一步突出学科建设重点,形成学科高峰带动学科高原、有特有强的学科良性生态体系;对地方性、特色型大学而言,也要坚持学科有所为有所不为的原则,主动对接区域经济社会发展需求,主动对接行业发展需要,构建以特色学科或优势学科为牵引,其他学科为支撑,形成分步分层、有精有专的学科特色发展道路。

6.2 提升一流学科建设成效的建议

1.坚持人才培养的核心地位,引导高校落实立德树人根本任务

从本书构建的面向学科表现度的一流工学学科建设成效评价体系中可以清晰地看出,人才培养在所有二级指标中权重最高,充分证明了人才培养是高校和学科的核心使命和重要职责。对教育主管部门而言,要始终引导高校和学科充分重视人才培养的核心地位,平衡教学与科研的关系,落实立德树人的根本任务,培养德、智、体、美、劳全面发展的社会主义建设者和接班人。习近平总书记在全国教育大会上强调,加强党对教育事业的全面领导,是做好教育工作的根本保证。坚持党的领导,首先就是坚持党的思想政治领导。要把社会主义核心价值观融入人才培养的各个环节,将大学和学科的精神文化、理想信念代代传承。在课程质量提升方面,要优化专业结构,完善课程体系,更新教学内容,改进教学方法,构建创新型人才培养支持体系,培养学生创新精神,促进学生全面发展。在毕业生质量方面,不能仅仅满足于就业率的提升,更重要的是引导学生立大志向、上大舞台,到祖国和人民需要的地方去,成为各行各业的栋梁之才。不但要设立人才培养质量的"正面清单",还要设立违反立德树人根本任务的"负面清单",包括论文造假、学术不端、言行不当、违背师德师风等情况。

2.完善一流学科建设成效评价机制,引导高校合理运用评价结果

一流学科建设成效评价的重要意义不在于"评",而在于评价之后的诊断,因此,通过不断完善一流学科建设成效的评价机制,能够展示学科建设的真实情况,从而引导各建设高校改进和提升,促进我国高等教育内涵式发展。

(1)重视评价过程的规范化和科学化

在确定评价主体方面,本书在构建评价体系时,选择了不同办学层次高校中熟悉高校学科建设的管理人员和教师等共同参与;在进行评价模型的实例研究时,邀请了来自不同高校的知名学者、学科建设领域专家、高等教育学领域专家等组成专家团队进行评价,通过广泛征求专业学者、管理人员、教师等学科评价主体的意见,以获得更加客观的评价结果。我国在经历了四轮学科评估后,无论是评价体系的确定还是评估专家的选择,已经越来越多地体现了多元主体共同参与的理念。在一流学科建设成效评价体系的研究设计上,要进一步强化多元主体参与的理念,建立由教育主管部门、高等教育领域专家、被评价学科的学术领军人物和学术团队成员、学科管理人员、学生、用人单位等多元主体参与的学科建设成效评价长效机制,共同提升学科建设的质量和水平。

在评价过程公开方面,如本书所述,美国NRC在每次评估之前,都会向大众公布其研究报告,报告中包括研究方法、技术分析以及参与评估的博士点相关资料等,以便社会公众和研究学者了解评估的分析、设计、数据收集等整个过程,保证了评估全过程的公开透明。从评估启动到结果发布历时3～4年,其过程包括方案确定、方法和指标研究、数据收集、数据核实、专家确定、数据分析及发表结果等,其中有两年的时间用于方案、方法和指标研究。我国的学科评价虽然已在逐步规范,但无论是评价方法的确定还是评价结果的公布,都还未能实现全过程公开。在"一流学科"建设成效评价的组织中,要进一步强化整个评价过程的公开和透明,让高校、专家学者、公众了解学科评价,同时,也为学界不断加强和监督学科评价奠定基础。

在评价结果的呈现方面,如本书所述,在"一流学科"建设成效评价结果的公布上,可以继续沿用学位中心第四轮学科评估的淡化整体排名的方式,采用"分档"方式发布整体评估结果;同时,可以重点展示各指标下的具体数据,引导高校不再纠结于名次,而是真正关注学科的内涵建设,集中精力补足学科建设短板,发挥学科建设优势和特长,真正做到学科"各美其美,美美与共"。

(2)强化定量评价和定性评价相结合

本书构建的面向学科表现度的一流工学学科建设成效评价模型中不难发现,专家在充分了解被评价学科建设成效的基础上对照评价指标打出相应分值的评价方法,可以有效避免只依靠定量数据判断学科发展而产生学科短视化行为。同时,在D数偏好关系矩阵评价模型中,采用定量的方式进行一流学科建设成效评价的实例研究,可以进一步提升评价结果的科学性。

在这一过程中,由于评价方法的影响,极易产生"以偏概全"的不合理现象。无论是全球具有较大影响力的第三方学科评价体系,还是区域性学科评价体系,大多采用定量数据和学科声誉相结合的方式进行学科评价。因此,在评价方法的选择上,既不能只选取便于获取的论文、奖励、项目等定量数据,也不能一味地考虑专家的声誉评价意见,要在充分了解学科差异的基础上,尊重学科内在发展逻辑和社会需求,采用定量数据和定性分析相结合的评价方式,客观地反映学科实际。在科学研究中,对于学术活跃度较高、解决较多科学问题的生命学科、医学学科等基础研究类学科来说,发表高质量论文在很大程度上代表了学科的前沿水平;对于应用研究类学科而言,除了发表论文外,制定标准、申请专利和成果转化都能够反映学科实际,同时,应更多地考虑学科承担国家重大项目、服务国家重大战略、为国家和社会作出突出贡献等情况;对于人文艺术等学科,要更多地考虑出版书籍、专著等情况,尤其是要充分考虑能够在世界范围内代表中国精神、中国文化等优秀的文艺作品等。专家的定性评价意见代表了学术共同体的集体智慧,能够弥补纯粹定量评价的不足和缺陷。如果仅考虑专家意见,也容易产生偏差。因此,要继续加强定量基础上的专家定性评价,形成定量评价与专家定性考量相互补充、相得益彰的科学评价方法。

第7章 总结与展望

7.1 主要研究工作总结

在系统梳理国内外具有代表性的一流学科建设评价体系和"双一流"建设要求的基础上,本书进一步明确了高等教育普及化和经济发展"新常态"双重背景下我国高校一流学科建设评价的应然要求。基于教育评价理论和高等教育质量管理理论,以面向学科表现度的一流工学学科建设成效评价为研究对象,辨析了一流学科建设成效评价与水平评价、绩效评价之间的区别;选取了能够反映一流学科建设成效各个环节的三级评价指标,并运用熵权法为各级指标赋权,构建了面向学科表现度的一流工学学科建设成效评价体系;构建了 D 数偏好关系矩阵评价模型,并选取 A、B、C 三所高校的材料科学与工程学科进行实例研究;根据评价结果,分别对高校和教育主管部门提出一流学科建设成效的对策与建议。主要研究工作包括下述 6 项:

1)明确了一流学科的概念和特征。从学科的内涵出发,明确了一流学科的概念和特征,辨析了一流学科和重点学科、优势学科、特色学科之间的关系,由于学科特点和学科发展阶段显著不同,所以不同学科在学科基础、人才培养对象、科学研究方向等方面存在较大差异,高校在学科建设过程中,要对各类型学科和处在不同发展阶段的学科进行充分了解和掌握,确定一流学科的范围,从而能够有的放矢、精准发力,提出有效的一流学科建设措施。

2)厘清了一流学科建设评价中的若干重要关系。厘清了一流学科、重点学科、优势学科和特色学科的关系;厘清了一流学科建设水平评价、成效评价和绩效评价之间的关系;厘清了方案符合度评价、目标达成度评价和学科表现度评价之间的关系,辨明了面向学科表现度的一流学科建设成效评价的内涵。

3)比较分析了具有代表性的 5 个全球性一流学科评价体系和 3 个区域性一流学科评价体系。结果表明:全球性一流学科评价体系和区域性一流学科排名评价体系都采用分类评价的方式,充分尊重学科的差异性;较多采用定性和定量相结合的评价方法,综合评价学科建设水平;在指标选择上,由于全球可比性指标相对较少,且多以科研论文方式呈现,因此全球性一流学科评价体系包含指标相对较少,区域性一流学科评价体系包含指标较多,且能够较全面地反映学科综合情况。区域性一流学科评价体系都坚持多元主体参与的理念,且评价结果分档呈现、不体现具体名次,评价的主要目的是提升和改进。这些都为本书构建面向学科表现度的一流工学学科建设成效评价体系提供了科学参考。

4)以工学学科为例,选取面向学科表现度的一流学科建设成效评价指标并初步构建评价体系。深入分析影响学科建设成效的各个环节,选取了学科基础、过程管理、学科产出 3 项一级指标,硬件基础、政策与经费支持、学术团队、组织管理、文化传承与创新、人才培养、科学研究和社会服务 8 项二级指标和图书资料的拥有量、仪器设备的拥有量等 42 项三级指标,初步构建了面向学科表现度的一流学科建设成效评价体系。

5)验证了评价指标选取的科学性,并对指标赋权,构建完成了面向学科表现度的一流学科建设成效评价体系。通过问卷初始设计、学术研讨、专家深度访谈和预调研四个阶段,进一步筛选出了 38 项三级评价指标,形成最终的调查问卷并进行数据收集;运用 SPSS22.0 和 AMOS22.0 统计分析软件对收集到的 426 份有效样本进行描述性统计分析和信度、效度检验,验证了评价指标选取的科学性和可靠性;运用熵权法对评价指标赋权,构建完成了面向学科表现度的一流学科建设成效评价体系。

6)构建了 D 数偏好关系矩阵评价模型,并选取 A、B、C 三所高校的材料科学与工程学科进行实例研究。将 I 高校材料科学与工程学科各评价指标设置成最优情况下的理想值,并以理想值为基准,构建 A、B、C、I 之间的 D 数偏好关系矩阵,得到三所高校材料科学与工程学科排序及随区别度 λ 变化的不同评价值,验证了前述评价体系及评价模型的科学性和可靠性,使得各评价对象的评价结果具有独立性和稳定性。评价结果表明,无论区别度 λ 的值如何变化,A 高校材料科学与工程学科建设成效的综合评价值始终排名第一,B 高校次之,C 高校第三,且随 λ 值增加,三所高校材料科学与工程学科建设成效评价值的差距呈越来越小的趋势,更加客观、科学地反映了专家评价意见和学科实际。

7.2　不足与展望

本书作为"中国特色、世界一流"学科建设成效评价的探索性研究,尽管在评价指标选取、评价体系构建和评价模型研究等方面力求做到科学严谨,并基本达到了预期的研究目标,获得了具有一定理论价值和实践意义的研究结论,但受到个人能力、研究时间以及研究资源等方面的限制,仍存在诸多有待后续深入研究的内容。同时,受内在发展逻辑和外部社会需求共同影响,学科建设成效评价具有一定的复杂性、发展性及未知性,还需要在以后的研究中进一步扩展和改进。主要的不足体现在下述三方面。

(1)评价学科的局限性

按照学科是一种相对独立的知识体系的概念界定,不同学科应有自己独特的评价指标和评价方法,从而避免学科趋同化发展。本书仅以工学学科为例,进行了面向学科表现度的一流学科建设成效评价指标的选取、评价体系的构建、评价模型的构建及实例研究,未考虑其他学科。未来可以在以上研究的基础上继续深入分析理学学科、管理学学科、人文学科等具体情况,实现对当前一流工学学科建设成效研究的扩展。

(2)样本数量的局限性

本书选择不同办学层次的高校作为研究对象,数据的收集工作相对比较困难。在研究中花费了大量的时间和精力,尽可能通过多种途径和方式进行问卷发放和回收,以保证有效问卷的数量和质量,减少未回复的偏差,最终获得有效样本426份。尽管研究的样本数量已经满足实证研究的最低要求,并具有良好的信度和效度,但相对于高校而言,样本数量依然偏少,有待后续进一步完善。

(3)专家选择的局限性

虽然在构建评价体系时,本书选择了不同办学层次高校中熟悉高校学科建设的管理人员和教师等共同参与;在运用D数偏好关系矩阵评价模型进行实例研究时,邀请了10位来自不同高校的材料科学与工程学科知名学者、学科建设或发展规划领域的专家、高等教育学领域知名专家等组成专家团队进行评价,力求评价的严谨和科学,但对于一流学科建设成效评价而言,参与的专家数量还是偏少,使得研究存在一定的局限性。

参考文献

[1] 岳昌洁,夏洁,邱文琪.2019年全国高校毕业生就业状况实证研究[J].华东师范大学学报(教育科学版),2020(4):1-17.

[2] 何晋秋.论高等教育发展的新阶段[J].清华大学教育研究,2017(4):13-18.

[3] 胡寿平.中国高等教育七十年:规模、质量、创新及前景[J].复旦教育论坛,2019(5):5-8,20.

[4] 贾钰森,张耀一.地方政府引才大战的制约因素与优化路径[J].领导科学论坛,2020(1):17-20.

[5] 张占斌,周跃辉.关于中国经济新常态若干问题的解析与思考[J].经济体制改革,2015(1):34-38.

[6] 宗凡,王莉芳,刘启雷.国家创新体系包容性视角下高校与外资研发机构合作模式演进研究[J].科技进步与对策,2017(4):129-133.

[7] 谢业兰.大学排名指标体系及影响研究[D].上海:上海交通大学,2010.

[8] 工洪才."双一流"建设的重心在学科[J].重庆高教研究,2016(1):7-11.

[9] 杨兴林."世界一流学科"建设须预防四大误区[J].现代教育管理,2016(8):14-19.

[10] 马国泰,宁小花,王红梅,等.教育评价转型视角下我国学科评价的挑战与发展方向[J].研究生教育研究,2020(3):1-7.

[11] 冯平.评价论[M].北京:东方出版社,1995.

[12] 李德顺.价值论[M].北京:中国人民大学出版社,1987.

[13] 培里.价值和评价[M].北京:中国人民大学出版社,1988.

[14] 陈玉琨.教育评价学[M].北京:人民教育出版社,2005.

[15] 刘尧.现代教育评价的发展历史与观念嬗变[J].江苏大学学报(高教研究版),2005(1):42-45,54.

[16] 刘尧.教育评价是教育质量的守护神吗?:一个古今教育评价重心变迁的解析视角[J].中国地质大学学报(社会科学版),2016(6):145-151.

[17] NEVO D. The Conceptualization of Educational Evaluation: An

Analytical Review of the Literature[J]. Review of Educational Research,1983,1(53):117-128.

[18] 王琰春. 西方教育评价观的演进及对我国的启示[J]. 教育与现代化,2003(1):74-78.

[19] 卢立涛. 测量、描述、判断与建构:四代教育评价理论述评[J]. 教育测量与评价(理论版),2009(3):4-7,17.

[20] O'NEILL T. Implementation Frailties of Guba and Lincoln's Fourth Generation Evaluation Theory[J]. Studies in Educational Evaluation,1995(21):5-21.

[21] 卢立涛. 回应、协商、共同建构:"第四代评价理论"述评[J]. 内蒙古师范大学学报(教育科学版),2008(21):1-6.

[22] RUSSELL N,WILLINSKY J. Forth Generation Educational Evaluation:The Impact of a Post-Modern Paradigm on School Based Evaluation[J]. Studies in Educational Evaluation,1997,3(23):187-199.

[23] 王建华. 多视角的高等教育质量管理[M]. 广州:广东高等教育出版社,2010:17.

[24] 孙悦. JS公司全面质量管理体系优化研究[D]. 南京:南京师范大学,2018.

[25] 万莉,程慧平,杨伟. 高等学校学科评估指标体系构建研究[J]. 重庆高教研究,2017(1):100-107.

[26] JAYARAM J,AHIRES L DREYFUS P. Contingency Relationships of Firm Size,TQM Duration,Unionization,and Industry Context on TQM Implementation:a Focus on Total Effects[J]. Journal of Operations Management,2010(28):345-356.

[27] 彭波. 教育质量:概念、特性及保障[J]. 当代教育论坛(管理研究),2010(8):40-43.

[28] LEVNEKA E. Total Quality Management of A Production-maintenance System:a Network Approach[J]. Production Economics,1998(56):407-421.

[29] SONG X H,NIU D X,YE C Q,et al. Survey on the Quality Management System of Power Distribution Projects Based on The Theory of TQM[J]. Applied Mechanics and Materials,2012(108):30-34.

[30] 衣海霞. 全面质量管理在高等教育领域的应用及研究述评[J]. 现代教育

管理，2010(8)：58-61.

[31] 潘艳民. 基于 TQM 理念的新建本科高校教育全面质量管理的制度选择 [J]. 高教学刊，2020(24)：26-29.

[32] 张林英. 高等教育教学质量形成机理、有效教学评价及质量管理体系构建研究[D]. 南京：南京理工大学，2008.

[33] 叶燕婕. 高等教育质量探究[J]. 重庆教育学院学报，2012(1)：118-120.

[34] 陈申华，王柱京，龙承建，等. 论高等教育全面质量管理[J]. 国家教育行政学院学报，2010(3)：64-67.

[35] 李博. 学科交叉视域下我国体育学知识演化的多维研究[D]. 福州：福建师范大学，2018.

[36] 薛天祥. 高等教育管理学[M]. 桂林：广西师范大学出版社，2001.

[37] 庞青山. 大学学科结构与学科制度研究[D]. 上海：华东师范大学，2004.

[38] 万力维. 学科：原指、延指、隐指[J]. 现代大学教育，2005(2)：16-19.

[39] 王长纯. 学科教育学概论[M]. 北京：首都师范大学出版社，2000.

[40] 黄福涛. 外国高等教育史[M]. 上海：上海教育出版社，2003.

[41] 潘云鹤，顾建民. 大学学科的发展与重构[J]. 高等工程教育研究，1999(3)：8-12.

[42] 罗洪波. 博洛尼亚大学[M]. 长沙：湖南教育出版社，1993.

[43] 庞青山. 大学学科论[M]. 广州：广东教育出版社，2000.

[44] 贾莉莉. 基于学科的大学学术组织研究[D]. 上海：华东师范大学，2008.

[45] 罗静兰，贺熙照. 西方文化之路[M]. 武汉：湖北教育出版社，1990.

[46] 李春林. 基于知识网络的创新型大学一流学科生成机理研究[D]. 哈尔滨：哈尔滨工业大学，2013.

[47] 肖朗. 中国近代大学学科体系的形成：从"四部之学"到"七科之学"的转型[J]. 高等教育研究，2001(6)：99-103.

[48] 张文静. 大学基层学术组织变革研究[D]. 武汉：华中科技大学，2012.

[49] 张琳. 国内外"交叉科学"研究现状及评述[J]. 科技管理研究，2013(12)：251-254.

[50] 李枭鹰. 大学学科发展规划生成研究[D]. 桂林：广西师范大学，2005.

[51] 潘云鹤，顾建民. 大学学科的发展与重构[J]. 高等工程教育研究，1999(3)：1-5.

[52] 瞿葆奎. 教育与教育学[M]. 北京：人民教育出版社，1993.

[53] 宣勇. 基于学科的大学管理模式选择[J]. 中国高教研究，2004(4)：43-44.

[54] 托马斯·库恩.必要的张力[M].福州:福建人民出版社,1981.

[55] 伯顿·R.克拉克.高等教育系统:学术组织的跨国研究[M].王承绪,徐辉等人,译.杭州:杭州大学出版社,1994.

[56] 伯顿·克拉克.高等教育新论:多学科的研究[M].徐辉,王承绪,等译.杭州:浙江教育出版社,2001.

[57] 米歇尔·福柯.规训与惩罚[M].杨远婴,译.北京:生活·读书·新知三联书店,1999.

[58] 中国社会科学院语言研究所词典编辑室.现代汉语词典[M].北京:商务印书馆,1992.

[59] 辞海编辑委员会.《辞海》缩印本[M].上海:上海辞书出版社,1979.

[60] 刘献君.论高校学科建设[J].高等教育研究,2000(5):16-20.

[61] 薄洁萍,金吾伦,郑杭生.学科发展与学科制度建设[N].光明日报,2002-6-4(3).

[62] 彭旭.新建本科院校专业设置与调整研究[M].北京:光明日报出版社,2012.

[63] 孙绵涛,朱晓黎.关于学科本质的再认识[J].教育研究,2007(12):31-35.

[64] 胡建雄.学科组织创新[M].杭州:浙江大学出版社,2001.

[65] 杨天平.学科概念的沿演与指谓[J].大学教育科学,2004(1):13-15.

[66] 周光礼,武建鑫.什么是世界一流学科[J].中国高等教育,2016(1):65-73.

[67] 雷环,钟周,乔伟峰."双一流"建设背景下中美研究型大学"学科"发展模式比较研究[J].清华大学教育研究,2018(6):66-73.

[68] 宣勇.论大学学科组织[J].科学学与科学技术管理,2002(5):30-33.

[69] 翟亚军.大学学科建设模式研究[D].合肥:中国科学技术大学,2007.

[70] 王晓玲.华北电力大学的学科建设研究[D].北京:华北电力大学,2015.

[71] 史建斌.交叉性新学科孵化器问题研究[D].合肥:中国科学技术大学,2013.

[72] 中华人民共和国国家标准:学科分类与代码[EB/OL].(2020-04-01)[2020-05-01].http://c.gb688.cn/bzgk/gb/showGb?type=online&hcno=4C13F521FD6ECB6E5EC026FCD779986E.

[73] 张振刚,向敛锐.美国高等教育学科专业分类目录的系统研究[J].学位与研究生教育,2008(4):70-77.

[74] 张绍文.大学学科竞争力研究[D].上海:华东师范大学,2016.

[75] 宗凡,王莉芳. 基于 ESI 的学科评价比较分析:以工信部高校为例[J]. 西北工业大学学报(社会科学版),2014(4):82-85,108.

[76] 基本科学指标数据库(ESI)[EB/OL]. (2019-11-19)[2020-05-01]. https://esi.clarivate.com/IndicatorsAction.action.

[77] 王大中. 建设世界一流大学的战略思考与实践[J]. 清华大学教育研究,2003(3):2-7.

[78] 翟亚军. 大学学科建设模式研究[D]. 合肥:中国科学技术大学,2007.

[79] 胡建华. 知识学科与组织学科的关系分析[J]. 高等教育研究,2020(5):25-30.

[80] 杜文胜. 中国经济统计学 70 年:学科发展历程与前景展望[J]. 经济研究参考,2019(20):49-63.

[81] 关于评选高等学校重点学科的暂行规定[EB/OL]. (1987-08-12)[2020-05-01]. https://baike.baidu.com/item/关于评选高等学校重点学科的暂行规定/6015499? fr=aladdin.

[82] 刘昌乾. 中国政府建设世界一流大学政策的变迁研究:基于渐进决策理论的视角[J]. 中国人民大学教育学刊,2019(1):5-15.

[83] 胡炳仙. 中国重点大学政策:历史演变与未来走向:基于新制度主义的政策分析[D]. 武汉:华中科技大学,2006.

[84] 欧卡片. 我国世界一流大学建设政策效应评价研究[D]. 武汉:武汉大学,2017.

[85] 王景. "双一流"建设背景下师范教育发展路径探析[J]. 学术探索,2020(10):149-156.

[86] 周光礼. 建设世界一流工程学科:"双一流"高校的愿景与挑战[J]. 现代大学教育,2016(9):1-10.

[87] 赵忠升. 大学又解:从学科建设的视角[J]. 学科与研究生教育,2011(7):17-22.

[88] 程莹,刘念才. 我国名牌大学学科领域离世界一流有多远:从世界大学学科领域排名说起[J]. 高等教育研究,2007(10):1-8.

[89] 杨玉良. 关于学科和学科建设有关问题的认识[J]. 中国高等教育,2009(19):4-7.

[90] 冯用军,赵雪. 中国"双一流"战略:概念框架、分类特征和评估标准[J]. 现代教育管理,2018(1):12-18.

[91] 赵沁平. 建设一流学科培养创新人才[J]. 中国高等教育,1999(2):10-12.

[92] 欧内斯特・博耶. 关于美国教育改革的演讲[M]. 北京：教育科学出版社，2002.

[93] 林永柏. 试析高等教育质量的发展性[J]. 教育与职业，2007(26)：21-22.

[94] 谢安邦. 高等教育学[M]. 北京：高等教育出版社，1999.

[95] KROEBER A，KLUCKHOHNC. Culture：a Critical Review of Concepts and Definitions[J]. Harvrad University Papers of the Peabody Museum of Archaeology and Ethnology，1952，47(1)：1-223.

[96] 陆根书，胡文静. 一流学科建设应重视培育学科文化[J]. 江苏高教，2007(3)：5-9.

[97] 徐小洲，梅伟惠. 论世界一流学科的战略起点[J]. 高等教育研究，2007(11)：1-6.

[98] 谭英雄，罗文强. "双一流"背景下地方高校学科建设困境突破与特色道路选择[J].大学教育，2020(11)：1-7.

[99] 国家重点学科[EB/OL].(2019-03-15)[2020-05-02]. https://baike.baidu.com/item/国家重点学科/7871690? fr=aladdin.

[100] 刘国瑜. 高校优势学科：内涵、意义与建设[J]. 研究生教育研究，2015(6)：67-70.

[101] 清华大学一流大学建设高校建设方案(精编版)[EB/OL]. (2017-12-28)[2020-05-02]. https://www.tsinghua.edu.cn/publish/newthu/openness/jbxx/2017syljsfa.htm.

[102] 上海交通大学一流大学建设方案[EB/OL]. (2017-12-28)[2020-05-02]. http://gk.sjtu.edu.cn/Data/View/1055.

[103] 袁广林. 创建世界一流与服务国家发展：行业特色高水平大学世界一流学科建设战略选择[J]. 学位与研究生教育，2019(1)：1-7.

[104] 胡仁东. 试论世界一流水平学科的生成机理[J]. 中国人民大学教育学刊，2013(1)：112-122.

[105] 牛君霞，董泽芳. 学科评估服务"双一流"建设：意念、障碍与出路[J]. 教育科学，2018(6)：62-67.

[106] 张应强，唐萌. 高等教育学到底有什么用[J]. 中国高教研究，2016(12)：56-62.

[107] 刘小强，聂翠云. 走出一流学科建设的误区：国家学科制度下一流学科建设的功利化及其反思[J]. 学位与研究生教育，2019(12)：18-24.

[108] 赵渊. 世界一流学科建设的"中国范式":价值建构及实践路径[J]. 浙江社会科学,2019(4):95 - 102.

[109] 宣勇. 大学学科建设应该建什么[J]. 探索与争鸣,2016(7):30 - 31.

[110] 王大中. 大学学科建设和专业结构调整的实践和体会[J]. 中国大学教学,2002(11):7 - 9.

[111] 宣勇. 建设世界一流学科要实现"三个转变"[J]. 中国高教研究,2016(5):1 - 5,13.

[112] 翟亚军,王战军. 理念与模式:关于世界一流大学学科建设的解读[J]. 清华大学教育研究,2009(1):17 - 21.

[113] 张伟. 行业特色高校学科建设探讨[J]. 大学教育,2017(9):146 - 149.

[114] 袁广林. 学科专业一体化:新建本科高校学科建设策略[J]. 高校教育管理,2016(2):82 - 85.

[115] 廖益.大学学科专业评价研究:以广东省高等学校名牌专业和重点学科为例[D].厦门:厦门大学,2006.

[116] 陈仕吉,喻浩,左文革. 高校重点学科学术影响力的计量评价研究[J]. 情报杂志,2013(1):81 - 85.

[117] 顾宝炎. 美国大学管理[M]. 武汉:武汉大学出版社,1989.

[118] 钟秉林,王新凤. 我国"双一流"建设成效评价的若干思考[J]. 高校教育管理,2020(4):1 - 6.

[119] 陈天凯,董玮,张立迁,等. 基于需求导向的一流学科建设路径分析[J]. 学位与研究生教育,2020(3):13 - 18.

[120] 陈洪捷. 学科评估应该看重什么?[N].中国科学报,2019 - 09 - 25(7).

[121] 王战军,杨旭婷. 世界一流学科建设评价的理念变革与要素创新[J]. 中国高教研究,2019(3):7 - 11.

[122] 杨清华,孙耀斌. 试论重点学科建设中的绩效评价[J]. 学位与研究生教育,2008(5):56 - 58.

[123] 王洪礼,李怀宇,王群生,等. 基于 DEA 的省级高校重点学科建设投入产出效益评价研究[J]. 学位与研究生教育,2009(1):54 - 57.

[124] 陈燕,林梦泉,王宇,等. 广义教育绩效评价理论与应用方法研究[J]. 中国高教研究,2019(5):19 - 24.

[125] 薛玉香,黄文浩. 以投入产出比重新审视高校重点学科建设绩效评估[J]. 中国高教研究,2010(4):38 - 40.

[126] 花芳.学科基准化的科研绩效定量评价方法及指标研究[J].图书情报工作,2014(3):78 - 84.

[127] 林梦泉，陈燕，任超，等.约束条件下的学科建设绩效评价理论体系探究[J].中国高教研究，2018(7)：17-21.

[128] 李雯雯.公共项目绩效评价中"弃卒"能否"保车"：面向教育部第五次学科评估的探索[J].高教探索，2019(12)：5-12.

[129] 牛奉高，邱均平.基于效率指标体系的高校绩效评价研究[J].高教发展与评估，2013(6)：49-56.

[130] STURA I, GENTILE T. Accreditation in Higher Education：Does Disciplinary Matter? [J]. Studies in Education Evaluation，2019(63)：41-47.

[131] 邹源椋，袁晶.28个省份"双一流"建设方案的文本分析：以一流学科建设的结构布局特点及发展趋向为例[J].中国高校科技，2020(10)：9-12.

[132] 余仕凤.国际学科排名指标体系及中国学科格局分析：基于世界大学学科排名数据[J].上海教育评估研究，2017(3)：26-34.

[133] 郝玉凤.全球性大学学科评价指标体系分析及其启示[J].中国高等教育评估，2015(2)：33-38.

[134] 朱明.我国大学学科水平评价问题研究[D].南京：南京航空航天大学，2015.

[135] 2019年软科世界一流学科排名[EB/OL].(2019-06-26)[2020-06-16].http://www.zuihaodaxue.com/news/20190625-1020.html.

[136] BILLAUT J. C, BOUYSSOU D, VINCKE P. Should You Believe in The Shanghai Ranking? [J].Scientometrics，2010，84(1)：237-263.

[137] 余瑞玲.美国博士点质量评估体系的发展历程及借鉴[J].现代教育科学，2012(1)：142-145，149.

[138] 赵立莹，马亚菲，田养利.美国NRC最新博士专业质量排名：发现、评价、判断[J].学位与研究生教育，2011(9)：61-64.

[139] 王硕旺，洪成文.德国CHE大学国际性与国际化排名指标体系述评[J].中国高教研究，2010(4)：55-58，81.

[140] 熊万曦.德国CHE大学排名及其启示[J].比较教育研究，2008(9)：40-45.

[141] 周继良，张金龙.学科评估与一流学科建设的制度平衡[J].高教发展与评估，2018(6)：1-8,117.

[142] 郑文晓.基于第三方评价的陕西省一流学科建设路径研究[D].西安：西安建筑科技大学，2019.

[143]　赵立莹,刘子实.美国 NRC2006—2008 博士专业质量排名体系分析
　　　　[J].学位与研究生教育,2010(11):72－77.

[144]　李文兵,沈红.德国 CHE 大学排名的特点及对我国的启示[J].比较教
　　　　育研究,2006(4):30－34.

[145]　中国学位与研究生教育信息网[EB/OL].(2020－05－18)[2020－06－
　　　　15].http://www.cdgdc.edu.cn/xwyyjsjyxx/xkpgjg/283494.shtml♯1.

[146]　黄宝印,林梦泉,任超,等.努力构建中国特色国际影响的学科评估体
　　　　系[J].中国高等教育,2018(1):13－18.

[147]　吴亚丽,张男星,孙继红.基于 NVivo 的"双一流"高校社会服务职能建
　　　　设分析[J].大学(研究版),2019(11):51－64,50.

[148]　黎晓玲.教育部学科评估指标变迁及启示[J].大学教育,2020(5):
　　　　1-3

[149]　李明磊,王铭.美国博士学科评估特征分析及其启示[J].教育科学,
　　　　2012(3):87－92.

[150]　戚巍,李峰.中美研究生教育评价的最新进展和比较研究[J].研究生教
　　　　育研究,2011(2):73－79.

[151]　王邦权,汪霞.博士专业质量评价的创新:基于 NRC 第三次评价模式
　　　　的分析[J].研究生教育研究,2017(1):66－72.

[152]　黄海刚.从声望排名到质量改进:美国博士生教育评估模式的演进[J].
　　　　比较教育研究,2012(1):28－32.

[153]　沈佳君.QS 世界大学学科排名土木工程学科指标体系剖析及其启示
　　　　[J].上海教育评估研究,2019(2):16－20,34.

[154]　王晶金,刘立.QS 世界大学学科排名指标体系及其启示[J].全球科技
　　　　经济瞭望,2016(10):46－52.

[155]　徐蓉,魏雅琛,李文静.国际学科排名指标体系对我国药学学科发展的
　　　　启示:基于 ARWU、US News、QS、THE 学科排名的对比分析[J].中国
　　　　药科大学学报,2020,51(2):240－248.

[156]　梁木生,王秉中.中国高等院校进入 ESI 前 1‰ 学科分析研究[J].图书
　　　　馆工作与研究,2016(5):71－77.

[157]　姜华,刘苗苗,刘盛博.基于 ESI 数据库的我国"985 工程"高校一流学
　　　　科评价研究[J].现代教育管理,2017(8):24－29.

[158]　罗燕.中国高校评价的制度分析:兼论"双一流"建设高校评价[J].清华
　　　　大学教育研究,2017(6):37－44.

[159]　刘小强,彭颖晖.从学科生产能力看一流学科评价[J].高等教育研究,

2018(11)：13 - 19.

[160] 刘瑞儒,何海燕,李勇,等.统筹推进世界一流学科实施路线图:基于世界一流学科评价指标[J].教育发展研究,2016(21)：1 - 7.

[161] 笪可宁,李向辉,高治军.学科水平的模糊综合评价法及其应用[J].学位与研究生教育,2006(6)：53 - 55.

[162] USHER A，SAVINO M. A Global Survey of University Ranking and League Tables[J].Higher Education in Europe，2007,32(1)：5 - 15.

[163] DILL D D，SOO M. Academic Quality，League Tables，and Public Policy：A Cross-National Analysis of University Ranking Systems[J]. Higher Education，2005,49(4)：495 - 533.

[164] 李燕.世界一流学科评价及建设研究[D].合肥:中国科学技术大学,2018.

[165] 朱明.现代大学学科评价的审视与审思[J].高教探索,2016(11)：27 - 33.

[166] 崔育宝.我国"世界一流大学"建设评价研究[D].合肥:中国科学技术大学,2018.

[167] 郑莉.建构"体用"结合的学科评价体系[J].中国高教研究,2016(5)：25 - 27.

[168] 黄彬云,徐勇.我国高校"双一流"建设评价维度体系建构[J].高教学刊,2020(10)：35 - 41.

[169] 刘瑞儒,何海燕.世界一流学科建设中期绩效考核评估研究[J].研究生教育研究,2018(2)：60 - 66.

[170] 刘永.一流学科评价探析:基于教育生态学的视角[J].江苏高教,2020(5)：29 - 34.

[171] 张小亚,崔瑞锋.中美大学排名指标体系比较:网大与《美国新闻与世界报道》大学排名指标体系比较[J].江苏高教,2003(6)：54 - 57.

[172] 叶乙臻.立德树人为本 推动教育发展[J].江苏教育研究,2020(3)：27 - 29.

[173] 李力,杜芘蕊,于东红.从学科构建到卓越学术共同体的形成:哈佛大学学科发展的内涵与经验[J].中国高教研究,2012(11)：65 - 70.

[174] 眭依凡.世界一流大学建设的六要素[J].探索与争鸣,2016(7)：4 - 8.

[175] 薛瑞丰,周春英,夏新颜,等.浅谈学科文化教育与学科知识教育的关系[J].华北水利水电学院学报(社科版),2001(3)：78.

[176] 李永清,朱锡,侯海量,等.学科文化内涵与学科文化建设[J].大学教

育，2015(8)：19－21.

[177] 钟秉林.一流本科教育是"双一流"建设的重要内涵[J].中国大学教学，2016(4)：4－8,16.

[178] 教育部.关于加快建设高水平本科教育全面提高人才培养能力的意见[EB/OL].(2018－10－08)[2020－06－21].http://www.moe.gov.cn/srcsite/A08/s7056/201810/t20181017_351887.html

[179] MANTAS J，DIOMIDOUS M. Implementation and Evaluation of The MSC Course in Health Informatics in Greece[J]. Methods of Information in Medicine，2017,46(1)：90－92.

[180] NIELS L，NIKLAS J，GERT H. Case Study of A Framing Effect in Course Evaluations[J]. Medical Teacher，2012,34(1)：68－70.

[181] 马廷奇."双一流"建设与大学发展[J].国家教育行政学院学报，2016(9)：9－14.

[182] 倪亚红，王运来."双一流"战略背景下学科建设与人才培养的实践统一[J].江苏高教，2017(2)：7－10,15.

[183] 中国教育学会教育学研究会.高等教育学[M].福州：福建教育出版社，2013.

[184] 谢桂华.高等学校学科建设论[M].北京：高等教育出版社，2011.

[185] 张大良.提高人才培育质量 做实"三个融合"[J].中国高教研究，2020(3)：1－3.

[186] 王瑞胡.学科评估指标体系变更对高校学科建设工作的启示[J].重庆高教研究，2016(5)：78－87.

[187] LIU W. Orientation and Effect Evaluation of Higher Education Features Based on Regional Economic Development Requirements-Henan Province[J]. Educational Science-Theory & Practice，2018,18(6)：3819－3826.

[188] 顾建民.学科差异与学术评价[J].高等教育研究，2006(2)：42－46.

[189] 戴开富.高等学校核心竞争力研究[D].武汉：武汉理工大学，2007.

[190] 丁哲学.运用改进的层次分析技术构建高校重点学科评价体系[J].教育探索，2008(1)：23－24.

[191] 韩锦标.基于知识管理的大学核心竞争力研究[D].徐州：中国矿业大学，2011.

[192] 裴旭，张淑林.研究型大学中重点学科的评价探析[J].教育与现代化，2003(4)：52－57.

[193]　卢纪华，赵希男，朱春红.平衡计分卡在高校重点学科评估中的应用 [J].科技进步与对策，2006(11)：190-192.

[194]　梁传杰.学科绩效评价方法的构建与应用[J].高教发展与评估，2010 (4)：36-44.

[195]　邹晓东.研究型大学学科组织创新研究[D].杭州：浙江大学，2003.

[196]　党传升.高水平行业特色型大学核心竞争力评价与培育研究[D].北京： 北京邮电大学，2012.

[197]　易开刚.人文社会科学一级学科评价指标体系研究[J].科技进步与对 策，2008(1)：142-145.

[198]　郑凌莺，胡守忠，唐幼纯.基于 BSC 和 DHP 方法的地方高校学科评价 [J].科技管理研究，2011(21)：54-56.

[199]　赵坤.大学重点学科核心竞争力形成与评价模型研究[D].重庆：第三军 医大学，2004.

[200]　樊晓杰，吴云峰.学科评估未来发展趋势的思考[J].上海教育评估研 究，2018(6)：1-5.

[201]　黄超，王雅林，姜华.大学学科成长能力系统构建及其路径[J].高等教 育研究，2011(1)：25-31.

[202]　张卫良.大学核心竞争力理论与实践研究[D].长沙：中南大学，2005.

[203]　刘雪莹.世界一流学科评价标准的比较研究：以化学、机械工程、经济学 为例[D].上海：上海交通大学，2017.

[204]　郑莉.建构"体用"结合的学科评价体系[J].中国高教研究，2016(5)： 25-27.

[205]　朱明，杨晓江.世界一流学科评价之大学排名指标分析[J].高教发展与 评估，2012(2)：7-15.

[206]　李化树.论大学的软实力[J].清华大学教育研究，2005(4)：48-54.

[207]　梁海彬.从软实力谈高校校园文化建设[J].高教论坛，2008(4)： 182-185.

[208]　刘慧玲.试论学科文化在学科建设中的地位和作用[J].现代大学教育， 2002(2)：72-74.

[209]　张晓辉，张天欣."双一流"建设背景下高等教育改革的借鉴与思考：以 新加坡南洋理工大学为例[J].教育理论与实践，2020(18)：10-12.

[210]　张东明，李亚东，黄宏伟.面向一流人才培养的研究生教育质量评价方 法初探：基于层次分析与模糊综合评判的指标体系研究[J].研究生教育 研究，2020(2)：60-67.

[211] 王传毅，乔刚. 省域研究生教育质量评价指标体系构建研究[J]. 研究生教育研究，2017(1)：58－65.

[212] COHEN P A. Student Rating of Instruction and Student Achievement [J]. Review of Educational Research，1981，51(3)：281－309.

[213] HIEN M V，ZHU C，NGUYET A D. The Effect of Blended Learning on Student Performance at Course-level in Higher Education：A Meta-analysis[J]. Studies in Educational Evaluation，2017(53)：17－28.

[214] 季淑娟，董月玲，王晓丽. 基于文献计量方法的学科评价研究[J]. 情报理论与实践，2011(11)：21－25.

[215] 王文军，洪岩璧，袁翀，等. "双一流"学科建设评估体系初探：基于学术表现的综合评估指数构建[J]. 东南大学学报(哲学社会科学版)，2018 (6)：39－47，146.

[216] 张允蚌. 我国研究型大学优势学科培育机制研究[D].徐州：中国矿业大学，2005.

[217] 刘路，洪茜，李瑞林，等. 美、澳、日三国评价大学社会服务的经验与启示[J]. 清华大学教育研究，2020(1)：134－141.

[218] 张宝友，黄祖庆. 论高校社会服务评价指标体系[J]. 黑龙江高教研究，2009(8)：41－43.

[219] 朱允卫，易开刚. 对进一步完善我国一级学科评估的若干思考[J]. 科研管理，2006(1)：156－158，90.

[220] 唐倩. 中国城乡居民生活质量影响因素比较研究[D]. 昆明：云南财经大学，2020.

[221] 秦德智，秦超，赵德森. 组织交互渠道、关系质量及学习意愿对中国-东盟跨国公司技术转移绩效的影响[J]. 科技进步与对策，2018，35 (2)：53－58.

[222] 牟蕾. 高等院校创新实践教育质量关键影响因素研究[D]. 西安：西北工业大学，2015.

[223] CORTINA J M. What is Coefficient Alpha？ An Examination of Theory And Applications ［J］. Journal of Applied Psychology，American Psychological Association，1993，78(1)：98.

[224] FORNELL C，LARCKER D F. Evaluating Structural Equation Models with Unobservable Variables and Measurement Error［J］. Journal of Marketing Research，1981，18(1)：39－50.

[225] CES. A Mathematical Theory of Communication[J]. ACM SIGMOBILE

Mob, 2001,1(5): 3 - 55.

[226] 章穗，张梅，迟国泰. 基于熵权法的科学技术评价模型及其实证研究
[J]. 管理学报，2010(1): 34 - 42.

[227] CHARNES A, COOPER W W, RHODES E. Measuring the Efficiency of
Decision Making Units[J]. European Journal of Operational Research,
1978,2(6): 429 - 444.

[228] SAATY T L. A Scaling Method for Priorities in Hierarchical Structures[J].
Journal of Mathematical Psychology, 1977(22): 234 - 243.

[229] COOPER W W, SEIFORD L M, ZHU J. Data Envelopment Analysis:
History, Models and Interpretations [J]. Handbook on Data
Envelopment Analysis, 2011(164): 1 - 39.

[230] DENG J. Introduction to Grey System Theory[J]. The Journal of Grey
System, 1989, 1(1): 1 - 24.

[231] HWANG C L, YOON K S M. Group Decision Making under Multiple
Criteria: Methods and Applications [M]. Berlin: Springer-
Verlag, 1981.

[232] ROY B. Classement et choix en présence de points de vue multiples
[J]. Revue Française D'informatique Recherche Opérationnelle, 1968
(2): 57 - 75.

[233] WANG N, LIU X, WEI D. A Modified D Numbers' Integration for
Multiple Attributes Decision Making [J]. International Journal of
Fuzzy Systems, 2018,20(1): 104 - 115.

[234] DENG X, JIANG W. A Total Uncertainty Measure for D Numbers
Based on Beliefintervals [J]. International Journal of Intelligent
Systems, 2019,34(12): 3302 - 3316.

[235] DENG X, HU Y, DENG Y, et al. Supplier Selection Using AHP
Methodology Extended by D Numbers [J]. Expert Systems with
Applications, 2014, 41(1): 156 - 167.

[236] DENG X, LU X, CHAN FT, et al. D-CFPR: D Numbers Extended
Consistent Fuzzy Preference Relations[J]. Knowledge-Based Systems,
2015(73): 61 - 68.

[237] DENG X, JIANG W. D Number Theory Based Game-Theoretic
Framework in Adversarial Decision Making Under A Fuzzy
Environment[J]. International Journal of Approximate Reasoning,

2019(106): 194 - 213.

[238] SMETS P, KENNES R. The Transferable Belief Model[J]. Artificial Intelligence, 1994, 66(2): 191 - 234.

[239] YAGER RR. Combining Various Types of Belief Structures [J]. Information Sciences, 2015(303): 83 - 100.

[240] DEMPSTER AP. Upper and Lower Probabilities Induced by A Multivalued Mapping [J]. Annals of Mathematical Statistics, 1967 (38): 325 - 329.

[241] 许硕, 唐作其, 王鑫. 基于 D - AHP 与灰色理论的信息安全风险评估 [J]. 计算机工程, 2019(7): 194 - 202.

[242] DENG X, HU Y, DENG Y, et al. Environmental Impact Assessment Based on D Numbers[J]. Expert Systems with Applications, 2014, 41 (2): 635 - 643.

[243] LIU H C, YOU J X, FAN X J, et al. Failure Mode and Effects Analysis Using D Numbers and Grey Relational Projection Method[J]. Expert Systems with Applications, 2014, 41(10): 4670 - 4679.

[244] LI M, HU Y, ZHANG Q, et al. A Novel Distance Function of D Numbers and Its Application in Product Engineering[J]. Engineering Applications of Artificial Intelligence, 2016(47): 61 - 67.

[245] DENG Y. D Numbers: Theory and Applications [J]. Journal of Information and Computational Science, 2012, 9(9): 2421 - 2428.

[246] 许硕, 唐作其, 王鑫. 基于 D - AHP 与 TOPSIS 的突发事件应急管理能力评估[J]. 计算机工程, 2019(10): 314 - 320.

[247] LIU P, ZHANG X. A Multicriteria Decision-Making Approach with Linguistic D Numbers Based on The Choquet Integral [J]. Cognitive Computation , 2019, 11(4): 560 - 575.

[248] SEITI H, HAFEZALKOTOBA, HERRERA E. A Novel Linguistic Approach for Multi-Granular Information Fusion and Decision-Making Using Risk-Based Linguistic D Numbers[J]. Information Sciences, 2020(530): 43 - 65.

[249] DENG X, HU Y, DENG Y. Supplier Selection Using AHP Methodology Extended by D Numbers [J]. Expert Systems with Applications, 2014, 41(1): 156 - 167.

[250] MO H, DENG Y. A New Aggregating Operator for Linguistic

Information Based on D Numbers [J]. International Journal of Uncertainty Fuzziness & Knowledge Based Systems, 2016, 24 (6): 831 - 846.

[251] BIAN T, ZHENG H, YIN L, et al. Failure Mode and Effects Analysis Based on D Numbers and TOPSIS[J]. Quality & Reliability Engineering International, 2018, 34(4): 501 - 515.

[252] XIAO F. A Novel Multi-Criteria Decision Making Method for Assessing Health-Care Waste Treatment Technologies Based on D Numbers[J]. Engineering Applications of Artificial Intelligence, 2018(71): 216 - 225.

附　录

附录 A　部分全球性大学排行分学科指标权重

表1　QS 大学排行各学科指标权重

学科门类	学　科	学术声誉	雇主声誉	篇均被引	H 指数
艺术与人文	考古学	70%	10%	10%	10%
	建筑学	70%	10%	10%	10%
	艺术 & 设计	90%	10%	0	0
	古典文学与古代史	90%	10%	0	0
	英语语言和文学	80%	10%	10%	0
	历史学	60%	10%	15%	15%
	语言学	70%	30%	0	0
	现代语言学	80%	10%	5%	5%
	表演艺术	80%	20%	0	0
	哲学	75%	5%	10%	10%
	神学、神学与宗教研究	70%	10%	10%	10%
工程与技术	化学工程	40%	30%	15%	15%
	土木工程	40%	30%	15%	15%
	计算机科学与信息系统	40%	30%	15%	15%
	电子电气工程	40%	30%	15%	15%
	机械工程	40%	30%	15%	15%
	矿物与采矿工程	40%	30%	15%	15%
生命科学和医学	农业 & 林业	50%	10%	20%	20%
	解剖和生理学	40%	10%	25%	25%
	生物科学	40%	10%	25%	25%

学科门类	学 科	学术声誉	雇主声誉	篇均被引	H指数
生命科学和医学	牙科学	30%	10%	30%	30%
	医学	40%	10%	25%	25%
	护理学	30%	10%	30%	30%
	药剂与药理学	40%	10%	25%	25%
	心理学	40%	20%	20%	20%
	兽医学	30%	10%	30%	30%
自然科学	化学	40%	20%	20%	20%
	地球和海洋科学	40%	10%	25%	25%
	环境科学	40%	10%	25%	25%
	地理学	60%	10%	15%	15%
	材料科学	40%	10%	25%	25%
	数学	40%	20%	20%	20%
	物理学 & 天文学	40%	20%	20%	20%
社会科学与管理	会计与金融学	50%	30%	10%	10%
	人类学	70%	10%	10%	10%
	商业与管理研究	50%	30%	10%	10%
	传媒学	50%	10%	20%	20%
	发展研究	60%	10%	15%	15%
	经济与计量经济学	40%	20%	20%	20%
	教育与培训	50%	10%	20%	20%
	酒店管理	45%	50%	5%	0
	法律与法律研究	50%	30%	5%	15%
	图书馆及信息管理	70%	10%	15%	5%
	政治学	50%	30%	10%	10%
	社会政策与行政管理	70%	20%	10%	0
	社会学	70%	10%	5%	15%
	体育相关学科	60%	10%	15%	15%
	统计与运筹学	50%	10%	20%	20%

数据来源:https://www.iu.qs.com/university-rankings/subject-tables/

表2　THE大学排行各学科指标权重

序　号	学科门类	教　学	科　研	论文引用率	产业收入	国际化
1	艺术与人文	37.5%	37.5%	15%	2.5%	7.5%
2	商业与经济学	32.5%	32.5%	25%	2.5%	7.5%
3	临床、临床前与保健	27.5%	27.5%	35%	2.5%	7.5%
4	计算机科学	30%	30%	27.5%	5%	7.5%
5	工程学	30%	30%	27.5%	5%	7.5%
6	生命科学	27.5%	27.5%	35%	2.5%	7.5%
7	自然科学	27.5%	27.5%	35%	2.5%	7.5%
8	社会科学	32.5%	32.5%	25%	2.5%	7.5%
9	教育学	32.5%	32.5%	25%	2.5%	7.5%
10	心理学	32.5%	32.5%	25%	2.5%	7.5%
11	法学	32.5%	32.5%	25%	2.5%	7.5%

数据来源:https://www.timeshighereducation.com/world-university-rankings/by-subject

表3　U.S.News大学排行各学科指标权重

序　号	指　标	软科学（不含计算机和工程）	计算机和工程	硬科学	艺术与人文	肿瘤学;外科;心脏和心血管系统	电气和电子工程;机械工程;土木工程
1	全球学术声誉	12.5%	12.5%	12.5%	20%	0.0%	0.0%
2	区域学术声誉	12.5%	12.5%	12.5%	15%	0.0%	0.0%
3	论文总数	17.5%	10%	15%	10%	19.5%	13.5%
4	书籍总数	/	/	/	15%	/	/
5	会议论文总数	/	7.5%	/	5%	2.5%	10.5%
6	标准化论文引用影响力	7.5%	7.5%	10%	7.5%	13%	10.5%
7	论文总被引数	12.5%	12.5%	15%	7.5%	19.5%	16.5%
8	被引频次在前10%的论文数量	12.5%	12.5%	10%	7.5%	13%	16.5%
9	被引频次在前10%的论文占比	5%	5%	5%	7.5%	6.5%	6.5%
10	高被引论文数	5%	5%	5%	/	6.5%	6.5%
11	高被引论文数的占比	5%	5%	5%	/	6.5%	6.5%
12	国际合作论文比（相对于国家）	5%	5%	5%	2.5%	6.5%	6.5%
13	国际合作论文比	5%	5%	5%	2.5%	6.5%	6.5%

数据来源：https://www.usnews.com/education/best-global-universities/articles/subject-rankings-methodology

附录 B 调查问卷

面向学科表现度的一流工学学科建设成效评价调查问卷

尊敬的专家:

您好!

欢迎您参加本次调查工作。本调查旨在了解面向学科表现度的一流工学学科建设成效的评价指标,为我国高校创建世界一流工学学科提供管理意见和理论依据。调查不记名,答案无对错之分。您对问卷的真实回答,将会对我们的研究起到很大帮助。我们保证这些数据资料只用于学术性研究,并将对您的回答严格保密。

衷心感谢您的参与!

敬祝身体健康、工作顺利!

一、基本情况

1.您的职业是(　　　)

a.管理人员　　　　b.教师　　　　c.实验技术人员　　　　d.专职科研人员

2.您所在高校的办学层次是(　　　)

a."一流大学"建设高校　　　　b."一流学科"建设高校　　　　c.非以上两种

3.您所在高校所属的行政区域是(　　　)

a.东北地区　　　b.西北地区　　　c.华北地区　　　d.华中地区

e.华东地区　　　f.华南地区　　　g.西南地区

4.您所在高校的主要学科范围是(　　　)(可多选)

a.理工为主类　　　　b.综合类　　　　c.师范类　　　　d.农林类

e.政法类　　　　f.医药类

5.您所在高校是否有专门的学科管理部门?(　　　)

a.有　　　　　　　b.没有　　　　　　　c.不了解

6.您所在高校是否制定了学科战略规划?(　　　)

a.有　　　　　　　b.没有　　　　　　　c.不了解

7.您所在高校是否制定了学科建设方案?(　　　)

a.有　　　　　　　b.没有　　　　　　　c.不了解

二、问卷主体部分

面向学科表现度的一流工学学科建设成效评价指标确定（请根据您对高校工学学科的理解，对以下指标是否适合评价面向学科表现度的一流工学学科建设成效进行判断，并在相应的数字上划"√"。从 1～5 依次增强，1 表示非常不适合、2 表示不太适合、3 表示一般、4 表示较适合、5 表示非常适合）。

具体问题	适合程度				
	非常不适合	不太适合	一般	较适合	非常适合
一、学科基础					
1.硬件基础					
1.1 图书资料和电子文献的拥有量	1	2	3	4	5
1.2 仪器设备的拥有量	1	2	3	4	5
1.3 省部级及以上实验室、基地、研究中心等的拥有量	1	2	3	4	5
1.4 信息化建设水平	1	2	3	4	5
2.政策与经费支持					
2.1 国家或上级主管部门支持学科发展的政策	1	2	3	4	5
2.2 地方政府支持学科发展的政策	1	2	3	4	5
2.3 学科所在高校支持学科发展的政策	1	2	3	4	5
2.4 国家、地方、所在高校对学科建设投入的经费	1	2	3	4	5
二、过程管理					
3.学术团队					
3.1 学术团队的师德师风建设情况	1	2	3	4	5
3.2 学术领军人物的学术水平和创新能力	1	2	3	4	5
3.3 学术梯队成员年龄结构	1	2	3	4	5
3.4 学术梯队成员学历结构	1	2	3	4	5
3.5 学术梯队成员学缘结构	1	2	3	4	5
3.6 学术团队成员的国际化水平	1	2	3	4	5
4.组织管理					
4.1 学科组织结构的多元化	1	2	3	4	5
4.2 学科组织管理的运行效率	1	2	3	4	5
4.3 聘用、晋升、考核等组织管理制度对学科发展的作用	1	2	3	4	5
5.文化传承与创新					
5.1 社会主义核心价值观的学习和落实	1	2	3	4	5
5.2 大学历史、文化、精神的传承与创新	1	2	3	4	5
5.3 学科历史、文化、精神的传承与创新	1	2	3	4	5

具体问题	适合程度				
	非常不适合	不太适合	一般	较适合	非常适合
三、学科产出					
6.人才培养					
6.1 课程教学质量	1	2	3	4	5
6.2 获得省部级及以上教学成果产出的情况	1	2	3	4	5
6.3 导师和任课教师对学生的指导质量	1	2	3	4	5
6.4 在校生获得国家级及以上竞赛或荣誉的质量	1	2	3	4	5
6.5 在校生国际交流和学习的频次	1	2	3	4	5
6.6 境外学生来校交流和学习的频次	1	2	3	4	5
6.7 毕业生就业质量	1	2	3	4	5
6.8 用人单位对毕业生的评价	1	2	3	4	5
7.科学研究					
7.1 在国内外期刊发表科研论文的情况	1	2	3	4	5
7.2 授权发明专利的数量和转化情况	1	2	3	4	5
7.3 出版学术专著或省部级及以上规划教材的情况	1	2	3	4	5
7.4 参与制定国际/国家/行业标准情况	1	2	3	4	5
7.5 承担国家级重大/重点科学研究项目情况	1	2	3	4	5
7.6 承担重要横向科学研究项目情况	1	2	3	4	5
7.7 获得省部级及以上科学研究奖的数量	1	2	3	4	5
8.社会服务					
8.1 服务地方经济社会发展情况	1	2	3	4	5
8.2 承担社会公共服务情况	1	2	3	4	5
8.3 推动产学研合作情况	1	2	3	4	5

结合以上问题,您对我国高校一流学科建设还有哪些建议?

1.

2.

3.

问卷到此结束,再次感谢您的关心与支持!